Pablo de Santiago
Jesús Orte

EL CINE EN 7 PELÍCULAS
GUÍA BÁSICA DEL LENGUAJE CINEMATOGRÁFICO

CIE DOSSAT 2000

SEGUNDA EDICIÓN
Madrid, 2002

EL CINE EN 7 PELÍCULAS
GUÍA BÁSICA DEL LENGUAJE CINEMATOGRÁFICO

Primera edición: mayo de 2002
Segunda edición: diciembre de 2002

Avenida de Pío XII, 57. 28016 Madrid
comercial@ciedossat.com
www.ciedossat.com

Diseño, maqueta y cubierta: abarro

ISBN: 84-95312-93-X
Depósito Legal: M-49447-2002
Impreso en España – Printed in Spain

Los autores reconocen los derechos de los propietarios de las imágenes y agradecen la colaboración de Fox, Paramount, Universal y Warner Bros.

A nuestros padres,
que cometieron el error
de dejarnos ver demasiadas películas
cuando éramos niños.

ÍNDICE

AGRADECIMIENTOS

Este libro le debe mucho a varias personas que, directa o indirectamente, han hecho posible su publicación. Sin embargo, tres de ellas merecen especialmente nuestra gratitud:

Jerónimo José Martín puso a nuestra disposición su enorme profesionalidad e inagotable entusiasmo a la hora de escribir el prólogo del libro.

José María Aresté fue pieza fundamental con sus útiles y certeros consejos en la recta final del libro y con la ulterior revisión del manuscrito original.

Y, por último, pero en realidad en primer lugar, dedicamos nuestro más sincero agradecimiento a Alberto Barrera. Gracias a su aliento infatigable y a su confianza en el proyecto, *El cine en 7 películas* es ahora una realidad. Durante más de un año impulsó su elaboración y hasta el final ha colaborado estrechamente con los autores, dedicando tiempo, trabajo y sabiduría para ayudar a superar todos los inconvenientes surgidos en su desarrollo. Él es el verdadero artífice de que este libro haya visto la luz.

Nuestro más sincero reconocimiento también para la Editorial Cie Dossat, por confiar en nosotros.

Los autores

PRÓLOGO

La publicación de libros de cine en España lleva varios años en muy buena forma. Se han editado numerosos títulos, e incluso han aparecido o se han consolidado unas cuantas editoriales y librerías especializadas. Sin embargo, existe un gran desequilibrio en cuanto a la temática y al estilo de esas obras. Así, mientras abundan los estudios sobre los temas más variopintos —muchos de dudoso interés y sólo disfrutables por cinéfilos—, siguen faltando libros de carácter divulgativo, que ayuden al gran público a entender el séptimo arte, apreciarlo en toda su belleza y no dejarse dominar acríticamente por sus poderosos mecanismos orales, visuales y sonoros.

Probablemente, esta grave carencia se debe en parte a la ausencia en la enseñanza media española de una asignatura obligatoria —a lo sumo, tiene carácter optativo— de introducción al cine y a la cultura audiovisual. Esta situación, denunciada desde tiempo inmemorial por los buenos aficionados y por numerosos pedagogos, aún no ha sido subsanada, a pesar de los esfuerzos de tanta gente a lo largo de los años por acercar el séptimo arte a las aulas. Y no sólo como una actividad de apoyo a otras —recurso fácil que sí parece asumido, a veces con escasa profundidad—, sino como una materia con entidad propia, especialmente en una sociedad caracterizada por el creciente bombardeo audiovisual.

Parece clara, por tanto, la necesidad de que el gran público, y especialmente el público joven, conozca mínimamente las cualidades y limitaciones del cine como medio de información, formación y entretenimiento, así como las características específicas de su lenguaje y su antropología. En este sentido, habría que destacar el enorme poder fascinador del cine, insistir en los efectos de su carácter más emocional que intelectual y reflexionar de nuevo sobre las grandes cuestiones de la estética: forma y fondo, ética y arte, libertad y responsabilidad de expresión... Al fin y al cabo, el cine es también espejo del ser humano y de la sociedad, instrumento de lucha y de búsqueda, forjador de conciencias y manifestación cultural de primer orden. Esta visión integral y multidisciplinar del cine debería llevar finalmente a considerar también sus diversas interconexiones culturales y su engarce con la latente actualidad.

Pues bien, en este rico contexto se enmarca *El cine en 7 películas. Guía básica del lenguaje cinematográfico.* Sus autores, Pablo de Santiago y Jesús Orte, son dos profesionales jóvenes y procedentes de ámbitos diversos al del séptimo arte —el primero es licenciado en Biología, y el segundo, Ingeniero de Telecomunicaciones—, pero que ya han demostrado su calidad como críticos de cine en diversas publicaciones especializadas. Ciertamente, su libro no pretende dar respuesta a todos los desafíos antes planteados; pero sí edifica su aportación desde una nítida conciencia de la complejidad del cine como lenguaje, como arte y como medio de transmisión de ideas.

Esa aportación de los autores —sistematizar los elementos propios del lenguaje cinematográfico, e ilustrarlos con ejemplos de siete películas memorables— parece sencilla, pero no lo es. En cualquier caso, con un estilo directo y ameno, ni pedagógico ni cargante, van desgranando el sentido narrativo y dramático de los planos, las angulaciones y puntos de vista, los movimientos de cámara, las formas de paso, los efectos de cámara y de montaje, los recursos narrativos, los elementos del discurso fílmico... E ilustran todo eso con valiosos desgloses fotográficos de las mejores escenas de las películas seleccionadas. Este generoso despliegue —sello distintivo de la editorial Cie Dossat 2000— se enriquece además con un somero pero jugoso análisis de las películas citadas, con un completo glosario y con una síntesis espléndida de las aportaciones estéticas de los diversos estilos y géneros surgidos durante este primer siglo de cine.

Cualquiera que deba escribir con frecuencia sabe que es mucho más arduo describir lo sencillo que lo complicado, y que es más fácil irse por las ramas que sintetizar. Pues bien, este libro tiene el doble mérito de explicar lo básico de un modo claro, fresco y atractivo, y además en pocas páginas. Por eso, además de aportar nuevas y poderosas luces al lector iniciado, resulta una excelente introducción al lenguaje cinematográfico, ideal como libro de texto para una posible asignatura específica en la enseñanza media. Sólo resta desear que ésta sea la primera de una serie de aportaciones valiosas de los autores a la bibliografía cinematográfica española.

Jerónimo José Martín
Crítico de cine
Presidente del Círculo de Escritores Cinematográficos (CEC)

INTRODUCCIÓN

Podría decirse que la idea de escribir este libro surgió de la necesidad. Cada año se publican centenares de volúmenes relacionados con el cine: biografías, guiones, estudios y reflexiones sobre películas, manuales de historia y técnica cinematográfica, etcétera. Sin embargo, dentro de la gran oferta editorial no es habitual encontrar un libro como el que el lector tiene ahora en sus manos, al menos eso creemos los autores tras haber llevado a cabo una infructuosa búsqueda de un producto de similares características.

Para adentrar al cinéfilo —que, dicho sea de paso, no es un loco, sino simplemente alguien a quien le encantan las películas— en el conocimiento del arte cinematográfico, es necesario saber qué técnicas y lenguaje se utilizan en el rodaje de una historia. Sin duda, existen estupendos libros que explican mucho mejor y más profusamente lo que aquí se expone, pero su minuciosidad y extensión los alejan precisamente de aquellos lectores que no son especialistas en la materia y no pretenden serlo. *El cine en 7 películas* no aspira, por tanto, a cumplir la función de un manual de estudio, sino que, por el contrario, quiere ser un medio útil para saber a qué atenernos cuando pensamos u opinamos acerca de lo que vemos en pantalla.

Con ese fin, los autores hemos condensado los conceptos generales que ha de conocer todo buen aficionado al cine. Y para que la exposición no resulte demasiado pesada acompañamos cada aspecto del lenguaje con ejemplos claros entresacados de siete películas significativas de la historia del cine, cada una de las cuales ha sido reseñada para la ocasión en el primer anexo. Los títulos estudiados son: *Casablanca*, *El crepúsculo de los dioses*, *Psicosis*, *West Side Story*, *Grupo salvaje*, *Blade Runner* y *L.A. Confidential*. El criterio de selección ha recaído principalmente en tres aspectos: el prestigio cinematográfico de las películas, su inclusión en cinco géneros distintos y un espacio temporal entre ellas que abarca más de medio siglo de la historia del cine.

Los temas tratados en este libro se agrupan en siete capítulos, a saber: *plano, angulación y punto de vista, movimientos, transiciones, efectos técnicos, recursos narrativos y articulación del discurso fílmico.* El orden de los mismos ha sido elegido para facilitar la comprensión a medida que se avanza en la lectura, de modo que al final el lector tenga suficientes elementos de juicio a la hora de alcanzar el sentido de la composición de las imágenes.

Para completar la exposición, hemos creído conveniente añadir diferentes anexos que muestren el modo en que los cineastas han desarrollado las diferentes técnicas de rodaje a lo largo de los años, tanto en lo relativo al discurso y temas narrativos como a cuestiones puramente técnicas. Se han recogido así breves explicaciones de los principales géneros cinematográficos y de las corrientes más importantes que a lo largo del siglo XX han definido la historia del séptimo arte. Si en algún momento ha prevalecido un aspecto sobre los demás, esto se deberá únicamente a su particular importancia dentro del conjunto.

Por último, con la finalidad de rematar el sentido didáctico del libro, se recogen en un glosario las definiciones de los términos cinematográficos más significativos, sin detrimento, claro está, de que algunos de ellos hayan sido ya incluidos en capítulos precedentes.

Vaya por delante nuestro más absoluto entusiasmo por el cine. Si este libro logra hacer concebir, renacer o afianzar el mismo lazo de unión en el lector, habrá alcanzado su propósito.

Pablo de Santiago y Jesús Orte
Madrid, mayo de 2002
Madrid, diciembre de 2002

1

Después de haberse enamorado en el baile, María (Natalie Wood) y Tony (Richard Beymer) dialogan por la noche sobre su futuro en la escalera de incendios de la casa de María.

—María: “Es peligroso. Si Bernardo se enterase...”.
—Tony: “Se lo diremos. Yo no formo parte de la banda”.
—María: “Pero no eres de los nuestros. Ni yo soy de los tuyos”.
—Tony. “Para mí lo eres todo. ¿Le gustaré a tu padre?”
—María: “No. Es igual que Bernardo. Desconfiado... ¡Desconfiar de ti, imagínate...!”
—Tony: “¿Lo ves?”
—María: “Sólo te veo a ti”.
—Tony: “María, que siempre sea así”.

West Side Story (1961), guión de Jerome Robbins, Ernest Lehman y Arthur Laurents.

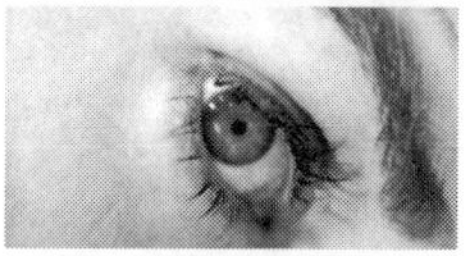

EL PLANO

No es demasiado arriesgado afirmar que el plano es la unidad constitutiva y configuradora de una película. En efecto, una narración fílmica es en realidad una sucesión de planos dispuestos de una determinada manera, en sí mismos quizá no determinantes, pero cuyo conjunto ordenado hace posible un discurso coherente.

Podría decirse que el cine es el arte de narrar una realidad tridimensional en un espacio de dos dimensiones. Pues bien, el término "plano" hace referencia precisamente a ese ámbito peculiar que define la bidimensionalidad. Por tanto, la verdadera revolución del arte cinematográfico ha sido lograr que la realidad se integre de forma convincente en un eje de dos coordenadas. Es cierto que también la pintura puede llevar a cabo esta transformación gracias a la perspectiva, pero el resultado de tal técnica es siempre estático. El cine logra mediante la conjunción de planos una continuidad ausente en las demás artes. Y esta continuidad narrativa lograda en la pantalla de cine se debe en exclusividad a su unidad constitutiva: el plano, y a la peculiar disposición definitiva de éste: el montaje.

Visto que el plano es la parte esencial de una película es lógico que ésta dependa casi por completo del modo peculiar que el director tiene de entender el plano o de elegir el más acertado en cada caso. De cualquier forma, se puede afirmar que un plano viene definido por el encuadre y la duración. Pero existen multitud de modos de realizar la toma de un plano, aunque sólo uno será el elegido para diseñar finalmente cada imagen de la película.

Los tipos de plano

Hay diversos modos de clasificar el plano. Así, según tengamos en cuenta el punto de vista de la cámara, tendremos planos objetivos y subjetivos (ver ca-

Fig. 1.1. *Casablanca*. Encuadre abierto.

pítulo 2), pero si nuestra clasificación hace referencia al encuadre, podremos hablar de planos con encuadre abierto o planos con encuadre cerrado. Los encuadres abiertos y cerrados vienen definidos por las personas u objetos que queden dentro del campo de la cámara en una toma determinada.

El encuadre es simplemente el espacio limitado recogido por la cámara para ser proyectado en la pantalla, algo así como la parte de realidad que el director elige enseñar al espectador.

Se habla de **encuadre abierto** cuando la cámara no recoge en su totalidad el lugar donde transcurre la acción. Es el caso de varios planos del Rick's Café Américain de *Casablanca*, en los cuales, aunque la toma se detenga en personajes concretos sentados en sus mesas, los planos resultantes no agotan por sí mismos la realidad bulliciosa del interior del bar (Figura 1.1). El encuadre abierto siempre dará una gran sensación de realidad, puesto que sugiere que la escena continúa al margen de la filmación, es decir, que la cámara recoge sólo aquello que puede encuadrar según su posición determinada y que únicamente se detiene en uno o varios detalles específicos por necesidades narrativas, pero que nunca abarca todo lo que ocurre en la escena.

Por su parte, el **encuadre cerrado** es el que enmarca dentro del campo de la cámara a todos los personajes, objetos o ambientes de una determinada escena. Encuadres cerrados ejemplares son por definición los planos generales, donde nada escapa a la "visión" de la cámara. Pueden ser, no obstante, tanto planos de interior como de exterior. En películas como *Grupo salvaje* encontramos varios planos cerrados que entran en la categoría de plano generales (Fig. 1.2). Los

Fig. 1.2. *Grupo salvaje*. Encuadre cerrado.

encuadres cerrados, sobre todo si se trata de rodajes interiores, transmiten, al contrario que los abiertos, una sensación de planificación meditada y más artificial. En efecto, la cámara se coloca estratégicamente, de modo que nada significativo quede fuera de su campo visual.

Ahora bien, normalmente, a la hora de explicar los tipos de planos se toma como referencia la imagen encuadrada en dicho plano, pero en un sentido diferente: el de la proporción del objeto encuadrado o, en algún caso, el de su entidad narrativa. De este modo podríamos hablar principalmente de los siguientes planos: panorámico, general, americano, medio, primer plano, primerísimo primer plano, plano detalle e inserto.

Lógicamente, estos planos pueden describir cualquier espacio, desde un rascacielos hasta un protozoo. Y para distinguirlos será imprescindible conocer el tamaño total del objeto y luego dirimir la proporción encuadrada del mismo.

Por otra parte, se puede afirmar que sólo tres planos de esta clasificación son los más importantes o relevantes: aquéllos donde se aprecia una diferenciación más clara según la proporción encuadrada del objeto del que se habla, siendo éste normalmente una figura humana, aunque pueden describir cualquier otro objeto. Nos estamos refiriendo al plano general, plano medio y primer plano. Los demás son normalmente modalidades específicas de estos planos principales. Se entiende, por tanto, que estos tres tipos de planificación sean los elementos de composición por excelencia.

Seguidamente pasamos a explicar todos los planos, de mayor a menor, según el objeto encuadrado.

Plano panorámico

El plano panorámico es el tipo de plano más global que existe. Siempre se trata de un plano exterior y puede contener figuras humanas o no. En realidad lo que muestra un plano panorámico es un paisaje, donde la perspectiva y la angulación del foco se erigen como protagonistas. Normalmente, el plano panorámico abarca grandes extensiones: campos, ciudades, bosques, mares, etc.

Figs. 1.3. y 1.4. *Grupo salvaje*. Planos panorámicos.

En la planificación de una secuencia, el plano panorámico sirve ante todo como prólogo de situación. Ningún elemento que entre a formar parte de la escena posterior ha de quedar fuera de esta presentación que supone el plano panorámico, y que define ante todo el ambiente y lugar en que se desarrolla o va a desarrollar la acción.

Los planos panorámicos tienen además a su favor, como cualquier paisaje, que son fácilmente agradables a la vista. Esto se debe a que sus elementos son principalmente naturales (la luz del sol, las estrellas, los reflejos de la luna y el atardecer, la frondosidad de la vegetación, etc.), por lo que ofrecen al espectador un momento de descanso y de contemplación de gran intensidad. Por eso, en general, la banda sonora cobra un protagonismo especial en estos planos.

Algunos géneros, como el western, son perfectos para componer este tipo de planos. En *Grupo salvaje* existen multitud de ellos, como los que muestran el tiroteo que se produce entre las dos facciones mejicanas (Fig. 1.3), o el que recoge al ferrocarril en marcha antes de ser robado por la banda de Pike (Fig. 1.4). También se comprenderá la función del plano panorámico al presenciar las fascinantes imágenes desde el cielo de Los Angeles, casi de corte apocalíptico, en los primeros compases de *Blade Runner* (Fig. 1.5).

Fig. 1.5. *Blade Runner*. Plano panorámico.

Plano general

Figs. 1.6. y 1.7. *Grupo salvaje*. Planos generales.

El plano general sirve para definir todos los elementos que entran en juego en una determinada escena: personaje o personajes, decorado, fondo... Se trata por eso de un plano cuya composición encierra una enorme complejidad ya que supone una labor de preparación meticulosa. Normalmente, los directores prefieren utilizar otro tipo de planos para mostrar la acción y sólo utilizan el plano general para mostrar la puesta en escena y que el espectador conozca en todo momento qué elementos y circunstancias cuentan en una determinada secuencia. Si tras un plano general se pasa a un plano más cercano, el espectador no sufrirá impacto alguno y conocerá sin confusión la posición relativa del contenido del último plano. En el cine mudo, sin embargo, los planos generales eran mucho más frecuentes, ya que los personajes debían cuidar la mímica como su principal medio de expresión. De hecho, una de las cualidades más importantes del plano general es que los personajes pueden utilizar el lenguaje corporal, de ahí la frecuencia de estos planos en musicales o películas de guerra.

Tomemos como ejemplo una escena de diálogo en la que participan varios personajes. Resultaría bastante difícil lograr un plano general ajustado que mostrara quién habla en cada momento y quizá se perdería el ritmo propio de toda conversación. Por eso, a la hora de definir la acción concreta de un solo personaje, sus palabras o su mirada, se suele elegir un plano medio o un primer plano. De este modo se logra fortalecer la acción por encima de cualquier otro elemento del encuadre. La consecuencia es que el espectador no tendrá que aguzar la atención para descubrir la procedencia del diálogo. Con absoluta naturalidad se dará cuenta de qué personaje habla, de la situación concreta en que lo hace, a qué otro personaje se dirige y el modo peculiar en que se comunica. Sin un plano cercano al sujeto, estas características quedarían confusas o, cuando menos, no mostrarían toda la riqueza de la situación en que se desenvuelven los personajes.

No ocurre así en los míticos planos finales de *Grupo salvaje*, aquéllos que recogen a los componentes del grupo de Pike acercándose amenazadoramente hacia el lugar donde desencadenarán la masacre final. La cámara de Peckinpah encuadra a los cuatro miembros de la banda en un característico plano general lleno de fuerza narrativa (Figs. 1.6 y 1.7).

El plano general, por tanto, tiene el cometido concreto de lograr que el espectador controle cada uno de los elementos de una determinada escena y conozca la situación relativa del personaje o los personajes dentro del entorno.

Plano medio y plano americano

El segundo plano en la clasificación según el tamaño es el plano medio. Como su propio nombre indica, este tipo de plano encuadra aproximadamente la mitad del objeto que se quiere mostrar. En una figura humana el corte se situaría más o menos sobre la cintura.

Fig. 1.8. *Casablanca*. Plano medio.

Fig. 1.9. *West Side Story*. Plano medio.

Quizá se trate del plano más utilizado en el cine. Un ejemplo entre mil recogido de *Casablanca* es el que muestra a Humphrey Bogart junto al piano de Sam cuando esconde los salvoconductos (Fig. 1.8). También en *West Side Story* contemplamos un modélico plano medio cuando Tony comienza a cantar el célebre tema "María" después de conocer a su amada (Fig. 1.9).

De todas formas, el lugar concreto del corte no es decisivo para definir un plano medio. En realidad, lo más característico de este tipo de plano es que sirve de puente entre el plano general y el primer plano. Es decir, se trata del plano de transición por excelencia. Desde los comienzos del cine, los directores advirtieron que pasar directamente, por ejemplo, de un plano general del cuerpo de un hombre a uno de su rostro producía una sensación demasiado brusca en el espectador. Era necesario un plano que uniera los dos encuadres de modo que la continuidad no se viera amenazada.

En este sentido, en la época dorada de Hollywood, más o menos coincidente con las décadas treinta y cuarenta, comenzó a proliferar un tipo de plano

Fig. 1.10. *L.A. Confidential*. Plano americano.

característico que encuadraba algo más de la mitad de la figura humana, desde la cabeza hasta las rodillas o el muslo. Debido a su procedencia, este tipo de plano medio o de transición se denominó **Plano americano**. Son multitud las películas que ofrecen este encuadre de los personajes. Valgan aquí algunos ejemplos de *L.A. Confidential* (Figs. 1.10 y 1.11).

La relevancia del plano medio es clara, ya que es capaz de conservar características importantes del plano general, como el entorno o la posición relativa de los elementos si se trata de dos personajes, y, a la vez, dotar a la acción de una fuerza o intensidad que no logra el plano general.

Fig. 1.11. *L.A. Confidential*. Plano americano.

La utilización del plano medio o del plano americano es especialmente adecuada cuando se trata de encuadrar a varios personajes en una escena de diálogo. Si se intentara rodar con primeros planos este tipo de acción, uno o varios personajes quedarían fuera de campo, e, igualmente, si tratáramos de insertar a los personajes en un plano general, éstos verían mermada, cuando no anulada, su individualidad dentro del grupo, lo cual haría un flaco favor a la comprensión del diálogo por parte del espectador.

De todas formas, hay que tener en cuenta que al encuadrar a varios personajes en una escena, lo normal es que no todos ellos tengan idénticas proporciones en la pantalla. Es decir, algunos pueden quedar en primer plano y otros

Fig. 1.12. *Casablanca*. Primer plano.

en plano medio. E incluso es posible que otros, más alejados en perspectiva, sean encuadrados en planos generales.

Primer plano

Si queremos comunicar al espectador la reacción más íntima de un personaje, su respuesta anímica concreta ante un suceso, su estado de ánimo en un momento dado, y, en definitiva, si el objetivo de una determinada escena es plasmar los sentimientos e incluso los pensamientos que envuelven a un persona, entonces no hay modo mejor de mostrarlo que haciendo uso del primer plano.

El primer plano muestra la parte más significativa del objeto filmado, y en el caso concreto de la figura humana encuadraría los hombros y la cabeza. Es el plano más rico de cuantos se pueden ofrecer en una película, o, al menos, el más susceptible de serlo. El motivo es bien claro: no existe mayor riqueza en el mundo que la del ser humano y el mayor vehículo de expresión de éste es su rostro. Con él es capaz de comunicar una extensísima variedad de registros, imposible de igualar por ningún otro paisaje, objeto o parte de la fisonomía humana. Un primer plano es siempre el mayor acercamiento posible a la realidad de la persona, aunque también el más directo e inmediato. *Casablanca* contiene algunos primeros planos portentosos que, por sí mismos, definen la situación de *shock* emocional que estalla entre Rick e Ilsa cuando se encuentran por primera vez en el Rick's Café Américain (Fig. 1.12).

La inclusión de un primer plano en una película tiene la peculiaridad, además, de lograr una personal complicidad con el espectador, muy superior a la

Fig. 1.13. *L.A. Confidential*. Primer plano.

conseguida por el plano general o el plano medio. Ante un rostro humano, el espectador nunca queda indiferente, puesto que siempre supone un enfrentamiento *tête a tête* con el personaje objeto del encuadre. Ejemplos de esta poderosa influencia en el espectador podrían ser esos primeros planos primorosos de algunas películas de Carl. T. Dreyer, de un dramatismo pocas veces igualado en pantalla. Asimismo, el rostro de Lynn Bracken en *L.A. Confidential*, cuando se presenta por primera vez al detective Bud White en el bar, es un ejemplo excelente del magnetismo inherente al primer plano (Fig. 1.13).

Por otra parte, el primer plano es, en principio, el más fácil de obtener. Sólo entra un elemento en pantalla y esto permite desentenderse de cualquier otro aspecto de la película para centrarse con toda intensidad en un rostro. Desde el punto de vista técnico es el más fácil de encuadrar e iluminar, y no requiere una pericia especial por parte del director. Junto a ello, la comunicación o la respuesta del espectador ante lo que presencian sus ojos pasa casi exclusivamente por el genio particular de cada actor y el "momento" concreto de la vida que interpreta. Es por eso también por lo que un primer plano es el más susceptible de ser vulgarizado o de pasar desapercibido a lo largo de una película.

Primerísimo primer plano

Un caso particular de primer plano es el primerísimo primer plano, en el cual el objeto del encuadre es una parte concreta del rostro de un personaje, capaz de definir su expresión. Es, específicamente, una amplificación del primer plano. En este caso, el viejo adagio de "los ojos son el espejo del alma" resulta especialmente significativo. En efecto, un plano de los ojos es capaz de revelar por sí mismo la totalidad de una persona: expresar sus dudas, asombro, ira, tristeza, amor o cualquier otro estado del alma.

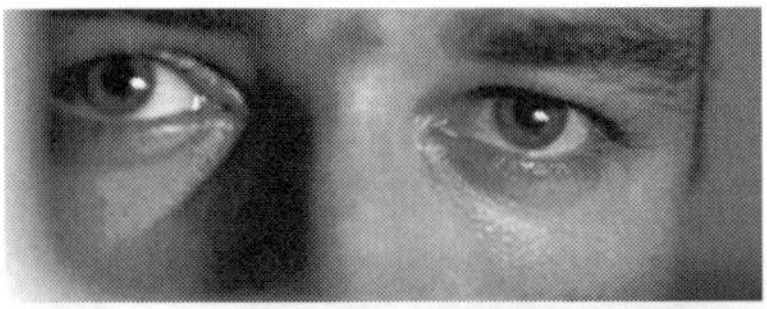

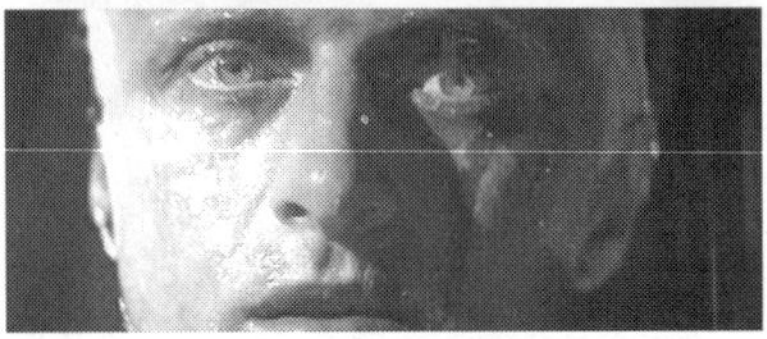

Figs. 1.14. y 1.15. Primerísimos primeros planos en *L.A. Confidential* y *Blade Runner.*

Un modo original, y de gran belleza plástica, de realizar un primerísimo primer plano es el que Curtis Hanson utiliza en *L.A. Confidential*, cuando recoge los ojos del detective Bud White reflejados en el retrovisor de su coche (Fig. 1.14).

Lógicamente, un primerísimo primer plano puede no limitarse sólo a la mirada, a veces el encuadre puede incluir la nariz o la boca para reforzar la expresión dramática del personaje, como sucede en los planos finales del replicante Roy en *Blade Runner*, cuando a las puertas de la muerte pronuncia su mítico discurso final (Fig. 1.15).

Plano detalle

Se suele hablar de plano detalle cuando la cámara recoge, con carácter fragmentario, un elemento específico que se integra dentro de un todo más amplio. De este modo, el plano detalle puede mostrar algún órgano o rasgo humano contenido en el rostro o en otro lugar del cuerpo, así como también una parte de un objeto inanimado o incluso la totalidad de un objeto pequeño dentro de un conjunto general. Su cometido es el mismo que el del primerísimo primer plano, sólo que en un escalón más alto. Es decir, el magnetismo que ejerce sobre el espectador es superior. Por ejemplo, el encuadre de un ojo que mira por una cerradura tendrá sin duda mayor capacidad de comunicar tensión, emoción o curiosidad que un plano que muestre la cabeza del personaje en tal actitud. Un ejemplo poderoso lo muestra Hitchcock cuando encuadra el ojo sin vida de Janet Leigh inmediatamente después de ser asesinada en la ducha (Fig. 1.16).

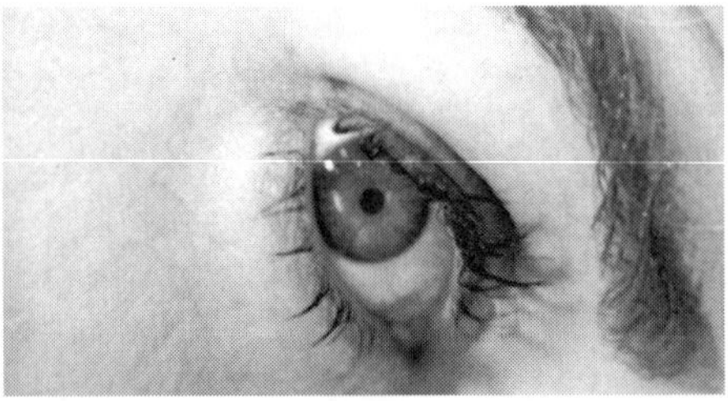

Fig. 1.16. *Psicosis*. Plano detalle.

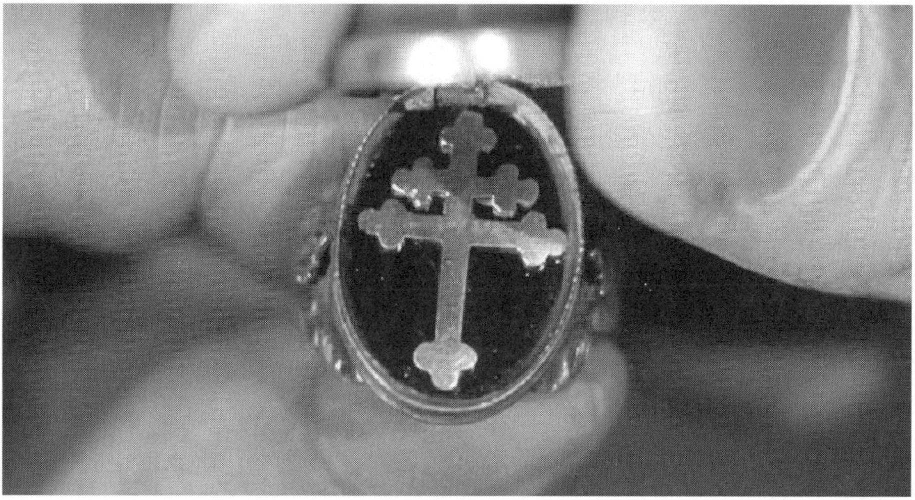

Fig. 1.17. *Casablanca*. Plano detalle.

Como plano detalle de un objeto podemos escoger el que recoge el anillo con que el miembro noruego de la resistencia se da a conocer a Víctor Laszlo en la película *Casablanca* (Fig. 1.17).

Asimismo, como hemos apuntado, un plano detalle puede recoger alguna otra parte del ser humano que no se halle en la cabeza: un pie, el vientre (*Psicosis,* Fig. 1.18.), los dedos de Deckard encaramado a la viga (Fig. 1.19), o la mano agonizante de Rutger Hauer en *Blade Runner*, auténtico presagio de la inminente muerte del replicante (Fig. 1.20). Otro ejemplo ilustrativo es el plano que recoge las manos del mayordomo Max tocando siniestramente el órgano en *El crepúsculo de los dioses*.

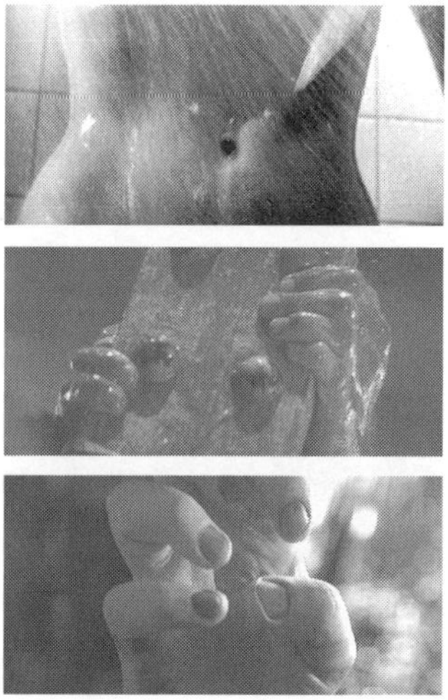

Plano detalle en *Psicosis* (Fig. 1.18.) y en *Blade Runner* (Figs. 1.19. y 1.20.).

Inserto

El inserto es, quizá, el tipo de plano más peculiar, ya que viene definido únicamente por su función: romper la continuidad narrativa de las imágenes precedentes. No depende, por tanto, de la proporción encuadrada del objeto.

Fig. 1.21. *Psicosis*. Inserto.

Normalmente se trata de un tipo de plano de transición entre dos secuencias o escenas distintas, como si su cometido fuera dar entrada a una nueva situación, aunque también puede estar contenido en una misma escena. En *Psicosis*, cuando va a tener lugar el asesinato de Arbogast, Hitchcock recoge el ascenso de éste por las escaleras y entre medias inserta el plano de una puerta que se abre. La tensión aumenta así extraordinariamente (Fig. 1.21).

El inserto exige del espectador una mayor capacidad de interrelación, ya que su riqueza no se puede individualizar del resto de la película, es decir, se relaciona con los personajes o las imágenes colindantes de modo indirecto. Eso es lo que en esencia le diferencia del plano detalle. Mientras que los ojos pueden definir a la persona, un vaso lleno de veneno, por ejemplo, no encierra en sí mismo riqueza alguna: puede no sugerir nada al espectador o por el contrario darle la clave de un estado de ánimo. Lo que ofrece no depende de él. De ahí que la técnica del inserto sólo esté al alcance de los grandes maestros.

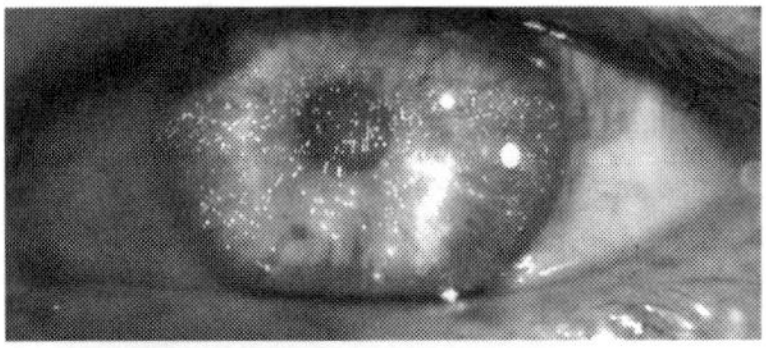

Figs. 1.22. y 1.23. *Blade Runner*. Inserto.

Al comienzo de *Blade Runner* se muestran dos asombrosos y sorprendentes insertos que recogen un enorme ojo que ocupa por entero la pantalla. El significado de tales planos resulta oscuro al principio, pero conforme avanza la película van adquiriendo poco a poco todo su sentido (Fig. 1.22).

Un inserto característico tiene lugar también en la versión de *Blade Runner* que recoge el montaje del director. Deckard está tocando el piano y, de repente, aparece el plano de un unicornio corriendo por el bosque. Acto seguido volvemos a ver a Deckard sentado al piano. El sentido de dicho inserto es inicialmente nulo y el espectador no comprenderá su significado hasta el plano detalle final del unicornio de papel (Fig. 1.23).

Planos con valor añadido

Se puede hablar de más tipos de plano dentro de una película. Aquí hemos pretendido explicar únicamente los que nos parecen más relevantes; otros —plano de dos, con escorzo, etc.— nos parece que en sí mismos no conforman una tipología, ya que son otros elementos los que les otorgan sus particularidades. Pero vamos a detenernos en algunas excepciones.

Plano y contraplano

Aunque lo normal sea jugar con varios planos de este tipo para una escena de diálogo, estrictamente se puede hablar de "plano y contraplano" en una sola imagen. Este tipo de plano, también llamado de "campo y contra-campo" hace referencia a dos o más realidades —personajes u objetos— que aparecen en pantalla, una de las cuales se situaría dentro del campo visual del espectador y la otra fuera del campo, aunque no totalmente. En realidad es un particular plano de dos, especialmente interesante por la función que realiza y por su gran uso en el cine.

Normalmente, estos planos no suelen presentarse aislados, sino estrechamente vinculados a otros similares. Así, una escena tipo constaría de ordinario de dos clases de planos cuya conjunción en el montaje final ofrece una imponente riqueza a la hora de mostrar el diálogo en pantalla de dos personajes enfrentados. La disposición de los personajes es determinante: se trata de construir un plano con un personaje 1, de frente y en segundo termino, y la espalda o la cabeza del personaje 2 en primer término. Luego se toma otro plano de la situación inversa, donde el personaje 1, antes de frente y en segundo término, estará ahora de espaldas, mientras que el otro se encuadrará de frente. Con esta técnica de planos y de montaje, el espectador es consciente de participar de la escena completa.

Mientras que en un plano de dos nuestra atención se reparte entre los personajes, por lo que la impresión de cada uno sobre el espectador se ha de ver mermada inexorablemente, la técnica del plano y contraplano permite visualizar las reacciones de cada personaje por separado, y esto con el valor añadido de que el punto de vista cambia alternativamente dentro de la misma secuencia. De este modo obtenemos una riquísima mezcla de plano subjetivo y objetivo imposible de obtener con cualquier otra disposición de los personajes. Lógicamente estos planos son susceptibles de tomarse de modo distinto según la escena lo requiera (en escorzo, en contrapicado, con objetivos largos o cortos, etc.).

Fig. 1.24. *West Side Story*. Plano y contraplano.

En *West Side Story*, por ejemplo, hay unos poderosos planos y contraplanos consecutivos cuando Tony conversa con María en la escalera de incendios de su casa después de su flechazo en el baile (Fig. 1.24).

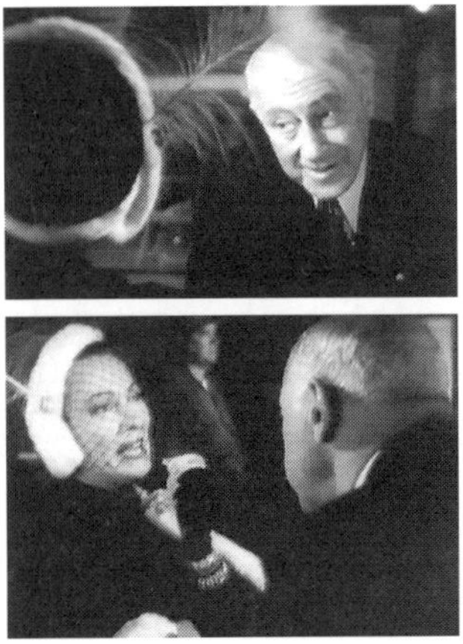

Fig. 1.25. *El crepúsculo de los dioses*. Plano y contraplano.

Igualmente, en *El Crepúsculo de los dioses* tenemos varios planos y contraplanos en la escena que muestra la entrevista entre Cecil B. De Mille y Norma Desmond, que tiene lugar en los estudios de la Paramount (Fig. 1.25).

La maravillosa escena final del aeropuerto en *Casablanca* es también un ejemplo adecuado. Además, en este caso, las tomas se realizan, digamos, a tres bandas, ya que recogen a los tres personajes en varios planos sucesivos (Fig. 1.26).

Plano secuencia

El plano secuencia es sin duda el tipo de plano más complicado de rodar, debido a que todo el

Fig. 1.26. *Casablanca*. Plano y contraplano.

contenido de una secuencia ha de estar en él. Es decir, el plano secuencia no es otra cosa que una secuencia completa rodada en un mismo y único plano, normalmente en movimiento. Y aunque puede tratarse de secuencias muy sencillas, esto no es lo habitual. Se comprenderá, por tanto, que normalmente las películas no se prodiguen mucho en lo que se refiere a este tipo de planos.

Ciertamente, el plano secuencia es difícil de llevar a cabo porque para rodarlo hace falta poner en marcha toda la maquinaria de la película: el escenario, los actores, los movimientos de la cámara, los diálogos, etc. Todos los elementos juegan un papel insustituible en el plano secuencia y por tanto su configuración demanda una alta escrupulosidad y grandes dosis de paciencia a la hora de realizarlo.

El plano secuencia exige cierta concepción cinematográfica que, desde luego, no poseen todos los realizadores. Quizá se trate de la incursión más profunda que la técnica cinematográfica pueda hacer en la realidad de lo que se pretende relatar. El caso es que exige un tipo de cine meticuloso y contemplativo, y, por tanto, no está muy en consonancia con la mayoría de las películas que se ruedan en la actualidad. Antes, este tipo de cine era más común, quizá porque la vida era más lenta, más sosegada, por lo que había directores que se atrevían a experimentar con largos planos secuencia de varios minutos de duración.

Existen ejemplos famosos de estos planos específicos, como el que da inicio a la película *Sed de mal*, de Orson Welles. Pero hay que decir que es en el cine no americano donde estos planos tienen ahora mayor vigencia. Realizadores como Dreyer o Tarkovski eran grandes maestros en rodar estos planos. Actualmente, salvo casos aislados, es difícil encontrar realizadores con esta visión contemplativa del cine.

Profundidad de campo en el plano

El otro gran elemento que define junto con el encuadre la configuración esencial del plano es la profundidad de campo. Con ella designamos el espacio comprendido entre el primer y último término enfocados con nitidez dentro de un mismo encuadre. La profundidad de campo añade de esta forma a la naturaleza bidimensional del encuadre una, por decirlo así, "tercera dimensión" en el plano: la profundidad.

Desde un punto de vista técnico, el incremento de la profundidad de campo ha supuesto un importante paso adelante en la veracidad de la imagen

Fig. 1.27. *Psicosis*. Profundidad de campo.

fílmica, dado que el ojo humano enfoca de manera espontánea a lo largo de distancias considerablemente grandes. Concretamente, la extensión de la profundidad de campo alcanzada en un plano aumenta con la distancia de enfoque y con el uso de objetivos de ángulo amplio. Por el contrario, cuanto mayor es el grado de apertura del diafragma, la profundidad de campo obtenida disminuye.

Pero la profundidad de campo no es algo que interese sólo a los técnicos; antes bien, constituye por derecho propio un elemento esencial dentro de la sintaxis cinematográfica. En efecto, gracias a la profundidad de campo es posible relacionar elementos situados a diferente distancia en la imagen, generando así un dinamismo narrativo interior a la propia puesta en escena del plano.

Esto es lo que ocurre, por ejemplo, al final de la escena del cambio de coches de *Psicosis*. En ella, comenzamos viendo en primer término al vendedor que se despide de Marion cuando ésta se halla a punto de abandonar el aparcamiento al volante de su nuevo vehículo. Justo en ese momento aparece por detrás, observándolo todo en segundo término, el policía de gafas oscuras que había pedido a la joven la documentación tras pasar la noche al borde de la carretera. Ambas acciones comparten simultáneamente la atención del espectador dentro del mismo plano, en ausencia de cualquier tipo de composición por montaje (Fig. 1.27).

Figs. 1.28. y 1.29. *El crepúsculo de los dioses*. Profundidad de campo.

El crepúsculo de los dioses cuenta con una par de ejemplos de profundidad de campo aún más extremos en lo que respecta a composición visual. En ambos casos aparece destacado un elemento clave en gran primer plano —los dedos de Max tocando el órgano (Fig. 1.28), las muñecas vendadas de Norma que acaba de intentar suicidarse (Fig. 1.29)— mientras desde el fondo Joe Gillis se aproxima lentamente hacia ese primer término. El efecto conseguido resulta extremadamente eficaz como arranque de las respectivas escenas, pues concentra la atención del espectador en un detalle dramático parcial que sólo adquirirá todo su significado en los planos sucesivos.

2

Los detectives Exley (Guy Pearce) y White (Russell Crowe) han ido a ver al fiscal del distrito, político corrupto al que ellos pretenden hacer hablar. Tras su negativa a colaborar, White comienza a emplear con él sus métodos brutales.

—Fiscal Ellis: "¡Quítamelo de encima Exley!"
—Exley: "¡No sé cómo!"
—White: "Ellis, ya sé que se considera usted el pez más gordo, pero, entérese, si me lo cargo, habrá diez abogados que ocupen su lugar mañana, sólo que no vendrán en autobús. Nada más".

L.A. Confidential (1987), guión de Brian Helgeland y Curtis Hanson.

ANGULACIÓN Y PUNTO DE VISTA

La angulación de un plano viene definida por la correspondencia entre dos niveles: el de la toma y el del objeto u objetos contenidos en ella. Se trata de una correspondencia geométrica, de tal manera que si el centro geométrico de la cámara coincide con el centro del objeto, de la figura o del rostro del personaje encuadrado se dice que la angulación es normal. Si, en cambio, ambos puntos de referencia se sitúan a distinto nivel, la angulación se denomina inclinada.

Normalmente, la inclinación de la cámara está relacionada con el punto de vista específico que el director quiere ofrecer en una determinada toma. De este modo, tendrá en sus manos la posibilidad de mostrar la vida con los ojos de sus personajes. Más aún, gracias a las imágenes resultantes, incluso podrá interactuar con el espectador de modo que éste capte sensaciones distintas según la inclinación de la cámara. De ningún modo es ésta una lectura simple del sentido de la angulación de un plano. Es innegable que la impresión que produce una toma picada o contrapicada es en muchas ocasiones muy diferente de la obtenida por una angulación normal. Es cierto que quizá no se trate de su única finalidad, pero no cabe duda de que el punto de vista juega un papel prominente según la cámara se sitúe en uno u otro nivel.

Planos objetivos y subjetivos

Existen dos tipos de plano según hagan referencia al punto de vista de la cámara. Al igual que ocurre en la narración de una novela, la tercera persona es omniabarcante, totalizadora de la realidad y, por tanto, lo narrado según esa técnica posee una verosimilitud fuera de toda duda. Al contrario, utilizar la primera persona en una narración es subjetivizar los hechos por completo, limitarlos y a la vez dotarlos de una fuerza irresistible, ya que se pone en juego la identificación entre lector y narrador.

Fig. 2.1. *Psicosis*. Plano objetivo y subjetivo.

Fig. 2.2. *Psicosis*. Plano objetivo y subjetivo.

En cine, se habla de **plano objetivo** cuando lo que vemos en pantalla es la visión, digamos, de un narrador omnisciente, ajeno por completo al mundo personal percibido por los personajes de la película. El **plano subjetivo**, por el contrario, hace referencia a la visión limitada de un personaje de la narración. Es decir, en este caso lo que rueda la cámara es la propia visión del personaje y sólo eso. El encuadre coincidirá por tanto con su ángulo de visión.

Habitualmente, estos dos tipos de plano, objetivo y subjetivo, se conjuntan en el montaje moderno para dar lugar a secuencias de rico contenido. Es lo que ocurre, por ejemplo, al mostrar un plano con la mirada de un hombre y acto seguido otro plano distinto del objeto que mira. Esta conjunción de realidades objetivas y subjetivas logra dotar la película de una continuidad lógica en el discurso narrativo.

En *Psicosis* hay multitud de planos objetivos y subjetivos. Sin ir más lejos, cuando Norman Bates mira por el agujero de la pared, Hitchcock rueda un plano objetivo (plano detalle del ojo), el cual será completado inmediatamente con la visión subjetiva de Norman (Fig. 2.1). También cuando Arbogast entra en la casa del psicópata, el detective dirige su mirada hacia varios lugares, cuyas imágenes subjetivas se van insertando según el orden en que las observa el personaje (Fig. 2.2).

Fig. 2.3. *Casablanca*.
Plano subjetivo.

Pero, como hemos subrayado anteriormente, la subjetividad de un plano muchas veces va unida a la inclinación de cámara. Un ejemplo entre mil tiene lugar en la escena final de *Casablanca*, cuando vemos cómo Rick y el capitán Renault siguen con la mirada el aeroplano en el que viajan Laszlo e Ilsa. Inmediatamente, en el plano siguiente vemos el despegue del avión en tres planos consecutivos, el último de los cuales se muestra en suave contrapicado hasta que el aparato se pierde en el neblinoso horizonte (Fig. 2.3).

Plano picado

Cuando el objeto de la toma se sitúa por debajo del nivel al que está situada la cámara se habla de plano picado. Un ejemplo modelo es el que recoge a Tony en *West Side Story*, pleno de felicidad ante el amor que siente por María (Fig. 2.4). En ocasiones, el plano picado puede ser consecuencia simplemente de la mirada subjetiva de un personaje que dirige su vista hacia un objeto o persona situado por debajo de él. Es el caso de *L.A. Confidential*, cuando el detective White va a visitar por primera vez a Patchett y éste se encuentra practicando el golf en el jardín de su mansión (Fig. 2.5). La angulación en este caso no pretende suscitar algo especial en el espectador ni tampoco revelar nada del personaje encuadrado, tan sólo muestra la percepción real del detective.

Fig. 2.4. *West Side Story*.
Plano picado.

Fig. 2.5.
L.A. Confidential.
Plano picado.

Figs. 2.6. y 2.7. *Psicosis*. Plano picado.

En otras ocasiones, sin embargo, el plano picado de un personaje puede darle a éste cierta sensación de vulnerabilidad. Es lo que sucede en *Psicosis,* cuando Arbogast comienza a subir las escaleras de la casa de los Bates. Hitchcock, con su habitual maestría narrativa, introduce además el inserto de una puerta que se abre, con lo cual sabemos que Norman acecha. La cámara picada sobre Arbogast pone al espectador sobre aviso y dota al personaje de una inapelable condición de víctima, desconocida hasta el momento (Fig. 2.6). La misma vulnerabilidad se observa en Vera Miles cuando se prepara para subir las escaleras de entrada (Fig. 2.7).

El plano picado puede tener además la característica de aportar a las imágenes generales un cierto sentido de clausura o terminación. Así, un picado de Tony cantando en la noche cierra una significativa escena de *West Side Story* (Fig. 2.8). De este modo, el plano picado sirve también como recurso adecuado

Fig. 2.8. *West Side Story*. Plano picado.

Fig. 2.9. *Casablanca*. Plano picado.

para cerrar la película con elegancia, de manera que aporte cierto tono lírico o nostálgico. Es lo que podemos comprobar en el último picado de *Casablanca*, el que recoge a Rick y Renault alejándose entre la niebla nocturna tras pronunciar la célebre frase final. El plano es de un acabado formal impresionante y constituye un epílogo lleno de sabiduría cinematográfica (Fig. 2.9).

Este tipo de angulación de cámara puede usarse también con gran propiedad cuando se trata de tomar una escena que tiene lugar en lo alto de un edificio. En *Blade Runner* observamos varios picados de Deckard cuando éste se encuentra inestablemente encaramado a la viga del edificio en los momentos finales (Fig. 2.10). Igualmente, en *L.A. Confidential*, un plano picado prácticamente vertical es el elegido para mostrar los poco ortodoxos métodos que elige el detective White para obtener información del fiscal del distrito (Fig. 2.11). Ambas angulaciones o puntos de vista tienen la característica de estar cargadas de naturalidad debido a la posición de los personajes, al tiempo que añaden realismo y aumentan considerablemente el dramatismo de las escenas.

Fig. 2.10. *Blade Runner*. Plano picado.

Fig. 2.11. *L.A. Confidential*. Plano picado.

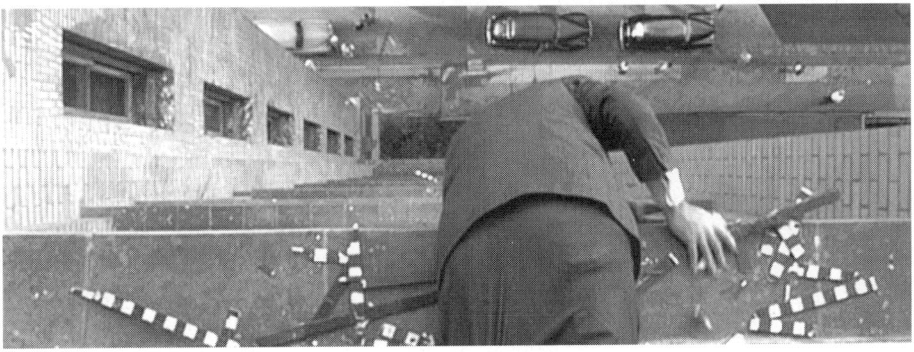

Fig. 2.12. *West Side Story*. Plano contrapicado.

Plano contrapicado

Cuando el objeto de la toma se sitúa por encima del nivel de la cámara se habla de plano contrapicado. Por las perspectivas que adopta se trata de un plano de mayor impacto visual que el picado, quizá porque en ocasiones está dotado de cierta antinaturalidad, la mayoría de las veces buscada a propósito. Lo cierto es que es relativamente normal que el contrapicado ejerza sobre el espectador una mayor influencia que cualquier otro plano angulado.

Como en cualquier plano de los que venimos hablando, la visión subjetiva del personaje tiene mucho que decir. Un ejemplo típico es el que resulta de la toma de un personaje situado en una ventana o terraza, cuando es observado por otro desde la calle. Es lo que podemos ver, con ligero escorzo, en la célebre escena de *West Side Story* que narra el encuentro nocturno entre María y Tony tras su flechazo en el baile (Fig. 2.12).

L.A. Confidential contiene algunos planos igualmente relacionados con el carácter subjetivo de la toma en contrapicado. En esta ocasión, la mirada se posaría sobre el detective Bud White cuando se acerca al coche donde se encuentran Patchett y la chica que el policía cree malherida (Fig. 2.13).

Fig. 2.13. *L.A. Confidential*. Plano contrapicado.

Fig. 2.14. *Psicosis*. Plano contrapicado.

En otras ocasiones la visión subjetiva del personaje viene emparejada con la tópica y más célebre función asignada al contrapicado. Nos referimos a la exaltación del elemento encuadrado. Normalmente dichos planos colocan al personaje agente (y por tanto al espectador) en situación de inferioridad frente al objeto o personaje que aparece en pantalla. Es el caso de *Psicosis*, cuando Vera Miles observa desde el motel la tétrica mansión de Norman Bates en lo alto de la colina (Fig. 2.14).

Figs. 2.15. y 2.16. *L.A. Confidential*. Planos contrapicados.

Pero, como ocurre con el picado, la imagen de la pantalla puede no provenir de la mirada de un personaje. Es en esos casos cuando el director decide interactuar él mismo con la sensibilidad del espectador. En *L.A. Confidential*, existen varios planos contrapicados del detective White. La angulación en este caso logra sin duda transmitir el aire de amenaza que define a este personaje. Cuando va a entrevistarse con Patchett, la cámara está situada a ras de suelo, lugar desde el cual capta en disimulado contrapicado el momento en que White sale del coche. Vista desde esa perspectiva, la toma adquiere enorme fuerza y aporta una significación añadida a la escena (Fig. 2.15). También en la misma película, pero esta vez de modo mucho más explícito, se recurre a algunos contrapicados cuando el detective pone en marcha sus brutales métodos para obtener la información requerida del fiscal (Fig. 2.16).

Por último, el contrapicado es, por su propia naturaleza, susceptible de conferir a los planos una singular belleza o plasticidad, y a veces esta particularidad es felizmente adoptada por los cineastas. A modo de ejemplo se puede apuntar la toma ralentizada de la ascensión de la paloma en *Blade Runner*, inmediatamente después de la muerte del replicante (Fig. 2.17). Y, en fin, si nos atenemos al valor estético de estos planos, es de justicia hacer también alusión a la esce-

Fig. 2.17. *Blade Runner*. Plano contrapicado.

Fig. 2.18. *El crepúsculo de los dioses*. Plano contrapicado.

na inicial de *El crepúsculo de los dioses*. Nos referimos a la imagen extrañamente bella que recoge el cuerpo inerte de Joe Gillis en la piscina de la mansión de Norma Desmond. Y aunque la impresión en pantalla es la de un contrapicado, hay que decir que el soberbio resultado es en realidad consecuencia de un truco cinematográfico. En efecto, aquí el director se sirvió de un espejo situado estratégicamente en el fondo de la piscina para lograr un primoroso y original plano del protagonista (Fig. 2.18).

Plano cenital

Estrictamente, se trata de una variante del plano picado, cuando la toma de la cámara es perfectamente ortogonal respecto a la línea de tierra. Es, en otras palabras, un plano vertical tomado de arriba a abajo.

Estos planos pueden utilizarse para situar al espectador en el territorio donde va a tener lugar la acción de la película. Son los elegidos, por ejemplo, en el célebre arranque de *West Side Story*, cuando se muestran a vista de pájaro sucesivas instantáneas de la isla de Manhattan (Fig. 2.19).

Fig. 2.19. *West Side Story*. Plano cenital.

Fig. 2.20. *Blade Runner*. Plano cenital.

En otras ocasiones puede tener un sentido más violento y visual, como ocurre en *Blade Runner* cuando Deckard está colgado de la viga y un virtuoso plano cenital muestra el abismo que se encuentra bajo sus pies (Fig. 2.20).

A veces el director puede jugar con el espectador usando este tipo de angulaciones. Alfred Hitchcock se sirvió de originales planos cenitales en dos momentos de particular importancia narrativa en su película *Psicosis*. Son los que tienen lugar, primero en la muerte de Arbogast, y después cuando Norman carga con su madre para esconderla en el sótano. En el primer caso, Hitchcock no podía revelar ningún dato acerca de la identidad del asesino, y en el segundo, debía privar al espectador de la visión de los dos rostros. Aunque nos alarguemos un poco en la descripción, dejemos que sea el director inglés quien lo explique:

"Me serví de una sola toma de Arbogast que sube la escalera y, cuando se acerca al último peldaño, coloqué la cámara deliberadamente en lo alto por dos razones: la primera para poder filmar a la madre verticalmente, pues, si la mostraba de espaldas, hubiera dado la impresión de que ocultaba deliberadamente su rostro, y el público desconfiaría. Desde el ángulo en que me situaba no parecía querer evitar que se viera a la madre.

La segunda y principal razón para colocar la cámara tan alto era conseguir un fuerte contraste entre el plano general de la escalera y un primer plano de su cara cuando el cuchillo caía sobre él. Era exactamente como música, fíjese, la cámara en lo alto, con los violines, y de pronto, la gran cabeza, con los instrumentos de metal. En el plano encuadrado desde lo alto, tenía a la madre que llegaba de improviso y el cuchillo que atacaba. Cortaba en el movimiento del cuchillo que cae y pasaba al primer plano de Arbogast." (Fig. 2.21).

Fig. 2.21. Psicosis. Plano cenital.

Y cuando habla del segundo caso, ésta es su explicación:

"Elevé la cámara cuando Perkins sube la escalera. Entra en la habitación y no se le ve, pero se le oye: 'Mamá, es necesario que te baje a la cueva porque van a venir a vigilarnos'. Luego vemos a Perkins que baja a su madre a la cueva. No podía cortar el plano porque el público tendría sospechas: ¿por qué se retira la cámara de pronto? En ese momento mantengo la cámara suspendida que sigue a Perkins cuando sube la escalera, entra en la habitación y sale de cuadro, pero la cámara continúa subiendo sin corte, y cuando estamos encima de la puerta la cámara gira, mira de nuevo hacia la escalera y, para que el público no se interrogue sobre este movimiento, le distraemos haciéndole oír una discusión entre la madre y el hijo. El público presta tal atención al diálogo que ya no piensa en lo que hace la cámara, gracias a lo cual ahora estamos en la vertical y el público no se extraña de ver a Perkins transportando a su madre vista en vertical por encima de sus cabezas. Para mí era apasionante utilizar la cámara para engañar al público, desviando su atención." (Fig. 2.22).

Fig. 2.22. Psicosis. Plano cenital.

3

Tras el golpe fallido en el pueblo, la tensión se adueña de la banda de Pike (William Holden). El viejo Freddie Sykes (Edmond O'Brien) acaba de ser protagonista de un altercado con un compañero. Tiempo después se acerca cabalgando al jefe de la banda.

—Sykes: "Oye, ha estado muy bien eso que dijiste a los chicos de seguir siempre juntos. Ese Gorch estuvo a punto de matarme, o de que yo le matara a él. Claro..., no vale la pena llevar a un viejo loco como yo".
—Pike: "Empezamos juntos y terminaremos juntos".
—Sykes: "Sí, yo también lo veo así. Siempre he opinado de ese modo".

Grupo salvaje (1969), guión de Walon Green y Sam Peckinpah.

MOVIMIENTOS

Al hablar del plano hemos apuntado la existencia de planos estáticos y de planos en movimiento. En este capítulo nos referiremos a cómo el lenguaje cinematográfico puede acometer un plano en movimiento. La clasificación del plano anteriormente descrita (general, medio, primer plano, etc.) hacía referencia principal al objeto del encuadre y a su sentido dentro del conjunto narrativo de la película; en este caso, sin embargo, atenderemos a los diferentes movimientos que realiza la cámara para rodar dichos planos. Es decir, si antes se trataba, digamos, de una "cuestión de encuadre", ahora se trata de cómo se logra ese encuadre si la cámara se mueve. La filmación en movimiento es una alternativa al montaje que hace posible obtener de modo continuo distintos puntos de vista dentro de un mismo plano.

Es necesario resaltar la importancia de los movimientos de cámara en una película. No se trata de un elemento técnico más, sino de algo que poco a poco ha ido configurando el cine hasta el punto de que se ha convertido en pieza esencial. Y es que el resultado final de una película sin movimientos sería simplemente similar al que captaríamos al pasar con rapidez las páginas de un peculiar álbum de fotos cuyos personajes se mueven dentro de la cartulina. Algo así como una sucesión de cromos en movimiento, pero cromos al fin y al cabo. Sin duda se pueden realizar muchas y buenas películas sin cámara en movimiento (muchos films mudos de la primera etapa del cine se rodaron de esta manera), y sin embargo, prácticamente ninguna película actual elude esta riqueza del rodaje, ya que desdeñarla sería dejar de lado el sentido que para el espectador tiene dicho movimiento. El ojo humano capta la imagen en movimiento igual que una cámara, se mueve de un lado a otro (panorámica) y/o combina este movimiento con otros realizados al girar el cuello hacia arriba, abajo, adelante, atrás, izquierda o derecha, o caminar hacia el objeto visual (travellings y grúa). El movimiento de cámara, por tanto, no es otra cosa que la imitación del modo en que el ser humano capta la imagen, de su modo peculiar de conocer la realidad visible.

Cámara en mano

Según el soporte de la cámara se puede hablar de dos modos de rodar una imagen en movimiento: con **cámara en mano** o con **cámara fija**. En el primer caso conseguiríamos un movimiento del plano nada convencional, consecuencia lógica de los movimientos desacompasados del operador de cámara. Se trata de un rodaje, digamos, "real", ya que las imágenes captadas por la cámara suelen estar provistas de las vibraciones humanas provocadas por la respiración, el temblor de manos o brazos, o simplemente la cadencia de los pasos.

El rodaje cámara en mano (o cámara al hombro, como también se le denomina) se suele utilizar en escenas de plano subjetivo, de modo que el espectador se sienta identificado de alguna manera con el protagonista, con sus miedos, su mirada vaga, o simplemente con su estado físico. Sin embargo, por su propia naturaleza y debido también a la precariedad de la técnica, el rodaje con cámara al hombro estaba prácticamente supeditado a filmaciones en las que el sujeto se tambaleaba a consecuencia del alcohol, del mareo o de la enfermedad. Sin embargo, este peculiar modo de filmación en movimiento ha sido últimamente utilizado y postulado por el llamado "Movimiento Dogma", un moderno estilo cinematográfico que desea recuperar lo que ellos llaman cine puro, que no es otra cosa que erradicar cualquier efecto artificial de una película, aunque esto no siempre sea absolutamente posible.

Fig. 3.1. *Psicosis*. Movimientos.

Aproximadamente desde 1975 se comenzó a utilizar un mecanismo asociado a la cámara denominado Steadycam, con el cual las imágenes se pueden estabilizar lo suficiente como para que los planos en movimiento no resulten incómodos para la mirada del espectador. Gracias a la técnica lograda por la Steadycam, las lógicas vibraciones producidas por el movimiento son ya cosa del pasado; hoy en día los rodajes de este tipo se realizan sin perjuicio para el equilibrio de la imagen.

Cámara con soporte

Es importante señalar que lo normal a la hora de filmar una película es rodar con la cámara apoyada en algún tipo de soporte. La diferencia de comodidad entre los dos tipos de rodaje es manifiesta. Además, la cámara con soporte permite realizar movimientos con gran rapidez y versatilidad, imposibles de llevar a cabo por un operador que cargue con la cámara.

Los tres tipos de movimientos de cámara con soporte son la panorámica, el travelling y la grúa. A menudo, estos movimientos pueden combinarse entre sí en un mismo plano como sucede por ejemplo en el que da inicio a la película *Psicosis*. Hitchcock realiza una panorámica horizontal que combina después con un fantástico plano grúa y un travelling frontal hasta introducir materialmente la cámara por la ventana del edificio (Fig. 3.1).

Panorámica

Es sin duda el movimiento más fácil que se puede realizar, e incluso puede hacerse con una cámara cualquiera, ya que no requiere la utilización de un equipo técnico pesado. La panorámica no es otra cosa que hacer girar la cámara sobre su eje, vertical u horizontal. El ángulo descrito varía, lógicamente, según las tomas, y puede ir desde unos pocos grados hasta los 360° de la circunferencia. Aunque, como ya hemos apuntado, todos los movimientos de cámara pueden combinarse, lo propio del movimiento panorámico es que la cámara permanezca durante la filmación emplazada en un mismo sitio, lo cual no sucede con el travelling o la grúa, donde siempre "viaja" de un lugar a otro. Así, por su naturaleza normalmente estática, la panorámica, aunque más limitada en otros aspectos, permite recorrer un espacio entre dos puntos lejanos mucho más rápidamente que el travelling o la grúa.

El uso más convencional de la panorámica es el de presentar a modo de plano general amplios espacios, con el claro objetivo de situar el lugar de la acción. Esto se puede hacer en una panorámica horizontal —como podemos ver en diversos planos de *Grupo salvaje* (Fig. 3.2) o, sin ir más lejos, en el plano inicial de *Psicosis* antes mencionado— o en una panorámica vertical o cabe-

Fig. 3.2. *Grupo salvaje*. Panorámica.

Fig. 3.3. *L.A. Confidential*. Panorámica.

ceo, si se trata por ejemplo de mostrar un edificio. También es frecuente que un mismo plano esté compuesto de panorámicas en conjunción con otros movimientos, horizontales o verticales: es el caso de la presentación del Motel Victory en *L.A. Confidential* (Fig. 3.3).

Fig. 3.4. *West Side Story*. Panorámica.

Por supuesto, la panorámica puede usarse simplemente para seguir la acción de un personaje cuando los movimientos de éste tienen lugar dentro de un espacio superior al del encuadre. En *West Side Story*, la cámara "persigue" a María de este modo cuando baila en la azotea. Este tipo de panorámica, bastante menos llamativa, es con mucha diferencia la más utilizada en el cine y la que más escapa a nuestra mirada debido a su falta de espectacularidad (Fig. 3.4).

La panorámica es útil también cuando se quieren relacionar en el espacio dos puntos de interés o cuando se pretende establecer una relación entre dos o más objetos. Otra posibilidad es conectar en pantalla diversas acciones independientes entre sí. En este sentido, puede rodarse una panorámica horizontal siguiendo a unos personajes y que en un determinado momento algo diverso aparezca en el encuadre. De este modo, utilizado como truco narrativo o para proporcionar un dato relevante, la película puede, minutos más tarde, volver sobre ese objeto o persona que se mostró previamente.

Fig. 3.5. *West Side Story*. Plano grúa.

Plano grúa

Para efectuar movimientos complejos, la cámara cinematográfica se sitúa sobre un aparato denominado grúa. Gracias a él, la cámara puede moverse en las tres coordenadas del espacio. Esto es posible debido a los brazos extensibles y a las jirafas, dispositivos especiales que permiten los movimientos suficientes para seguir el desplazamiento de cualquier objeto en el espacio de la acción. En general, lo específico del plano grúa es el desplazamiento en vertical y su combinación con los demás tipos de movimiento.

Los planos grúa tienen la característica de dotar a la imagen de una belleza sin igual. Son majestuosos, ya que tienen la capacidad de situar al espectador en situaciones del espacio, digamos, preferentes, al tiempo que le transportan por el escenario con movimientos largos o cortos y se adoptan sugerentes perspectivas. En *West Side Story* podemos disfrutar de un elegante plano grúa que recoge a Tony cantando en medio de la noche neoyorquina (Fig. 3.5). Pero quizá un plano grúa más significativo en este sentido sea el mítico descenso por las escaleras que realiza la enajenada Norma Desmond en el plano final de *El crepúsculo de los dioses* (Fig. 3.6).

Fig. 3.6. *El crepúsculo de los dioses*. Plano grúa.

Fig. 3.7. *Psicosis*. Plano grúa.

En *Psicosis*, Hitchcock utilizó un soberbio plano grúa en la escena en que Norman Bates lleva a su madre al sótano. La cámara se mueve subiendo la escalera y se sitúa finalmente en lo alto de la puerta de la habitación para tomar un plano cenital de Norman y su madre (Fig. 3.7).

Muchas veces, la grúa permite obtener un plano de situación, para luego mostrar seguidamente un plano medio o un primer plano y detenerse así sobre el objeto concreto. Ocurre, por ejemplo, en el plano de *West Side Story* citado más arriba. Esto hace del plano grúa el movimiento más completo y con mayores posibilidades de la técnica cinematográfica. Bien es verdad que a costa de una planificación y elaboración de la escena sumamente cuidadosa. Cuando se trata de rodar en pequeños espacios, o no es necesaria una gran amplitud de movimientos, se utiliza una grúa de tamaño más pequeño denominada dolly. Este tipo de grúa es una herramienta adecuada para rodar escenas interiores.

En *Blade Runner* hay algunos buenos ejemplos de plano grúa, como el que recoge la presentación de Deckard. En otro momento de la película el plano grúa muestra su gran capacidad visual y narrativa al conectar dos ambientes completamente distintos: se trata de la escena en que Deckard va a visitar a Bryant al edificio de la policía. La cámara, situada a gran altura, toma al protagonista acercándose desde la distancia y seguidamente desciende con suavidad y se cuela en el despacho de Bryant justo cuando Deckard llega hasta la puerta (Fig. 3.8).

Fig. 3.8. *Blade Runner*. Plano grúa.

Travelling

El travelling es un plano tomado desde una cámara móvil que se desliza sobre raíles, ruedas o sobre cualquier otro mecanismo de apoyo. También recibe el mismo nombre este tipo peculiar de movimiento. Su objetivo es aportar fluidez a la narración cinematográfica manteniendo unas relaciones espaciales lógicas.

Fig. 3.9. *West Side Story*. Travelling lateral.

Normalmente, el travelling se usa para seguir el movimiento natural de un sujeto que se desplaza, de tal modo que éste nunca quede fuera del encuadre, al menos totalmente. Hay multitud de modos de realizar tomas con este tipo de movimiento, y todos se denominan travelling. Sin embargo, puede hablarse principalmente de travellings laterales, frontales, verticales y circulares. El *zoom* crea un efecto muy similar al del travelling frontal y por eso es denominado a veces travelling óptico. Sin embargo, no es en propiedad un movimiento de cámara y por este motivo será tratado como un caso aparte al final de este capítulo.

Es importante indicar que el travelling no es un movimiento aislado: con frecuencia pueden encadenarse varios de ellos en un mismo plano, y en tal caso, los desplazamientos horizontales o verticales, adelante o atrás de la cámara, se realizan con ayuda de una grúa o dolly.

En el travelling lateral se realiza una toma siguiendo el objeto deseado mientras la cámara se desliza a lo largo de una línea recta, paralela u oblicua respecto al desplazamiento de dicho objeto. Se trata de un movimiento muy utilizado, por ejemplo, cuando se filman las calles desde un coche en marcha, se sigue a alguien que camina de un lado a otro de la pantalla (*West Side Story*, Fig. 3.9) o se muestra la visión lateral de un hombre cabalgando en su caballo, como ocurre cuando la banda de Pike abandona el pueblo mejicano en *Grupo*

Fig. 3.10. *Grupo salvaje*. Travelling lateral.

Fig. 3.11. *Grupo salvaje*. Travelling oblicuo.

salvaje (Fig. 3.10). Es importante resaltar que el deslizamiento de la cámara no tiene por qué ser paralelo al movimiento del objeto. Puede tratarse de un movimiento oblicuo, como se puede observar en otro travelling ejemplar de la citada película de Peckinpah, en el cual la cámara se acerca de este modo a la trayectoria que describen Pike y su interlocutor mientras cabalgan (Fig. 3.11).

Según la rapidez con la que se deslice la cámara y cuál sea la acción que se rueda, el travelling lateral puede cumplir funciones narrativas diversas. Por ejemplo, si la cámara viaja más despacio que el objeto encuadrado, la sensación será que éste se mueve más rápidamente de lo que lo hace en realidad. Por el contrario, si es la cámara la que se desliza más rápida que el objeto, daremos a éste una mayor sensación de lentitud.

El travelling frontal es muy claro visualmente cuando se trata, por ejemplo, de mantener en el cuadro a uno o varios personajes que se dirigen caminando hacia la cámara, como vemos en *West Side Story* (Fig. 3.12), o cuando ésta se coloca tras ellos a distancia. También se puede apreciar en la toma de frente o por detrás de un coche en movimiento. En este caso, el soporte de la cámara puede ser una parte del mismo vehículo. En *Blade Runner* hay un buen ejemplo de estos planos en la escena que muestra a Deckard dirigiéndose a su casa por primera vez (Fig. 3.13). También, en *Grupo salvaje*, Peckinpah ofrece al espectador varios travellings frontales, de avance y de retroceso, tomados desde el tren en marcha (Fig. 3.14).

Fig. 3.12. *West Side Story*. Travelling frontal.

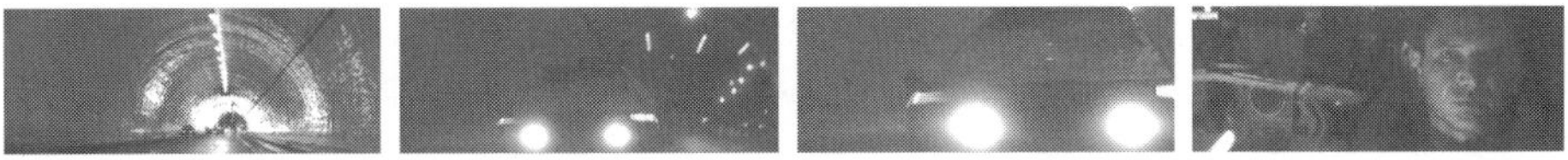

Fig. 3.13. *Blade Runner*. Travelling frontal.

Por su parte, el travelling circular es el que tiene lugar cuando la cámara se mueve alrededor del objeto, trazando un arco tan grande como se desee. Es un tipo de movimiento perfectamente idóneo para filmar escenas de baile, aunque no es muy frecuente.

Fig. 3.14. *Grupo salvaje*. Travelling frontales de avance y retroceso.

Lógicamente, el director puede elegir una combinación de diferentes tipos de travellings, aunque normalmente, debido a su complejidad, se opta por la filmación de diferentes tomas para cada plano en movimiento. En *West Side Story* pueden verse sucesiones de travellings horizontales y verticales con suaves movimientos de grúa que recogen los títulos de crédito al final del film (Fig. 3.15).

Zoom

Se denomina zoom —y a veces también, con menor propiedad, travelling óptico— a la impresión visual de acercamiento o alejamiento de una imagen que se genera al modificar la distancia focal del objetivo de la cámara.

Como se desprende de lo dicho, el zoom no es en rigor un movimiento de cámara, por más que a menudo su uso pueda confundirse con un travelling

Fig. 3.15. *West Side Story*. Travellings.

Fig. 3.16. *Psicosis*. Travelling.

frontal según el eje de la toma de vistas. Ambas técnicas difieren sustancialmente tanto por su fundamento operativo como por los resultados visuales obtenidos.

En el zoom, el acercamiento o alejamiento del objeto enfocado se consigue únicamente a través del desplazamiento de las lentes del objetivo, sin que exista movimiento físico de la cámara de ningún tipo. Por el contrario, en el travelling es la cámara la que varía su posición en el espacio. Como consecuencia de lo anterior, el efecto visual resultante es significativamente distinto en ambas técnicas: así, mientras en el zoom es toda la imagen la que cambia de tamaño sin que varíen las proporciones relativas de los elementos encuadrados, en el travelling frontal la perspectiva sufre una alteración continua a lo largo del movimiento de la cámara.

Comparemos, a fin de ilustrar la explicación anterior, un travelling frontal de *Psicosis* con un zoom procedente de la misma película. El primero tiene lugar en la parte final, cuando Vera Miles se aproxima a la mansión de los Bates para investigar lo que se esconde en su interior. La cámara realiza entonces un travelling frontal de aproximación a la puerta reproduciendo la visión subjetiva de la joven. La inconfundible sensación de acercamiento físico provocada al atravesar los postes del porche, desvela inmediatamente que nos encontramos ante un travelling y no ante un zoom (Fig. 3.16).

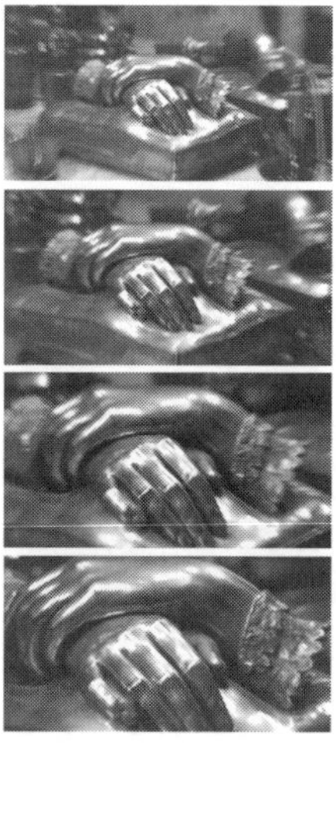

Poco después, Hitchcock hace uso del zoom cuando la actriz, ya en el interior de la alcoba de la madre de Norman, fija su mirada en la escultura de unas tétricas manos de mujer. El sobresalto se expresa aquí a través de un rápido acercamiento del objeto durante el cual la perspectiva no sufre modificación alguna. La sensación experimentada cuando se observan las imágenes a cámara lenta, es algo parecido a lo que ocurre si fijamos la vista en un dibujo y luego nos lo acercamos a la cara progresivamente. Esa sensación de "planicidad mantenida" es la que caracteriza el acabado visual del zoom (Fig. 3.17).

Fig. 3.17. *Psicosis*. Zoom.

4

Tras salvar a Rick Deckard (Harrison Ford) de caer al vacío, el replicante Roy Batty (Rutger Hauer) le dirige unas bellas palabras antes de morir.

—Batty: "He visto cosas que nadie creería. Naves de ataque en llamas más allá de Orión. He visto rayos C brillar en la oscuridad cerca de la Puerta de Tanhäuser... Todos esos momentos se perderán en el tiempo como lágrimas en la lluvia. Es hora de morir".

Blade Runner (1982), guión de Hampton Fancher y David Peoples.

TRANSICIONES

Las diferentes técnicas que se utilizan para unir los planos de una película reciben el nombre de transiciones. Suelen consistir en una serie de fotogramas particulares que suponen un puente entre los planos. Normalmente las transiciones van de acuerdo con el tipo y el ritmo concreto de la acción, aunque ciertamente muchas veces esto se olvide y se realicen transiciones arbitrarias, al menos aparentemente.

La importancia de las transiciones es clara, ya que sin ellas la continuidad del relato cinematográfico sería imposible. Existen muchos modos de unir planos: de entre ellos, el corte es el más común hoy en día, pero en otras épocas, transiciones actualmente en desuso como la cortinilla o el barrido eran utilizadas por los directores con bastante frecuencia.

Los diferentes tipos de transiciones iban encaminados en los comienzos del cine a que el espectador no extrañara la consecución de un plano tras otro. Por eso llevaban implícitos cada uno un tipo de ritmo narrativo, es más, ellos eran principalmente los que marcaban el discurso temporal. Así, el encadenado podía sugerir un paso largo del tiempo entre las escenas que mostraban los planos, contemporaneidad en el caso del corte, etc. Ahora, esta utilización de transiciones de planos no siempre lleva emparejado un peculiar ritmo narrativo y, en último término, depende únicamente de la decisión del director para un determinado momento de la película.

Fig. 4.1. *L.A. Confidential*. Transición. Corte.

El corte

Se trata de la transición más habitual en la actualidad. El corte es una transición tan rápida que precisamente está pensada para que no sea captada por el ojo humano: simplemente desaparece un plano y es sustituido por el siguiente en décimas de segundo.

Un uso característico de este tipo de transición consiste en realizar cortes a lo largo de una determinada acción con el objetivo de mostrarla de principio a fin en mucho menos tiempo del que se precisaría para realizarla en la realidad. Las películas están llenas de este tipo de transiciones que aceleran el ritmo de la película cuando el director decide que no es necesario mostrar todo el contenido. Es lo que se llama **salto de imagen**, en el cual se acelera el tiempo narrativo por omisión. Imaginemos que queremos mostrar un hombre que sale de su casa, se dirige a su coche y va a visitar a un amigo. Un ejemplo de utilización de esta técnica sería montar estos tres planos: 1) el hombre cierra la puerta de su casa, se da la vuelta y comienza a caminar. CORTE. 2) el hombre cierra por dentro la puerta de su coche y lo pone en marcha. CORTE. 3) el coche avanza por la autopista.

El corte se utiliza con mucha frecuencia para mostrar varias acciones distintas que tienen lugar en una misma escena. Y en ocasiones el montaje final puede reunir decenas de cortes. Es lo que ocurre en la pelea de la comisaría que tiene lugar en *L.A. Confidential*, donde la profusión de saltos de un plano a otro resulta además sumamente adecuada para favorecer el ritmo trepidante de la acción (Fig. 4.1).

Un caso especialmente llamativo de este tipo de transición es el que tiene lugar repetidamente en la escena del asesinato de Janet Leigh en *Psicosis*. Según confesión de Hitchcock, la cámara ocupó setenta posiciones diferentes en su filmación. La escena contiene múltiples cortes y dura cuarenta y cinco segundos. Hitchcock tardó siete días en filmarla (Fig. 4.2).

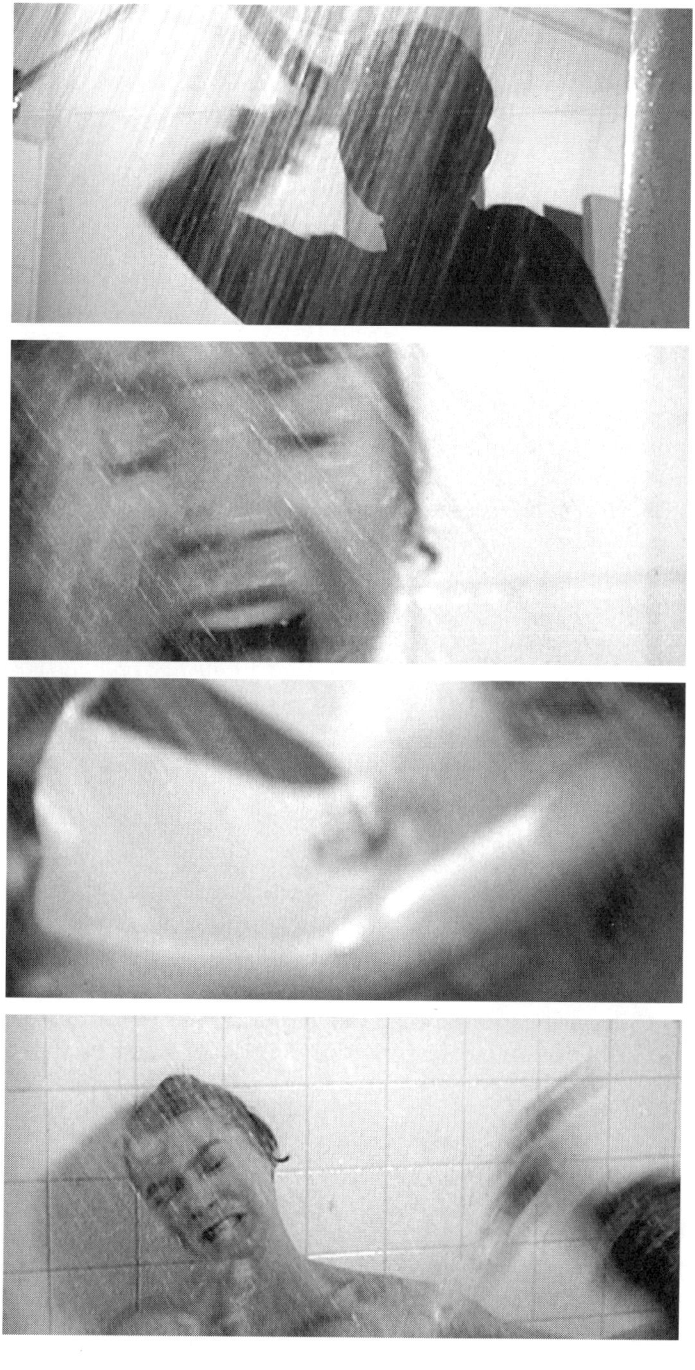

Fig. 4.2. *Psicosis*. Transición. Corte.

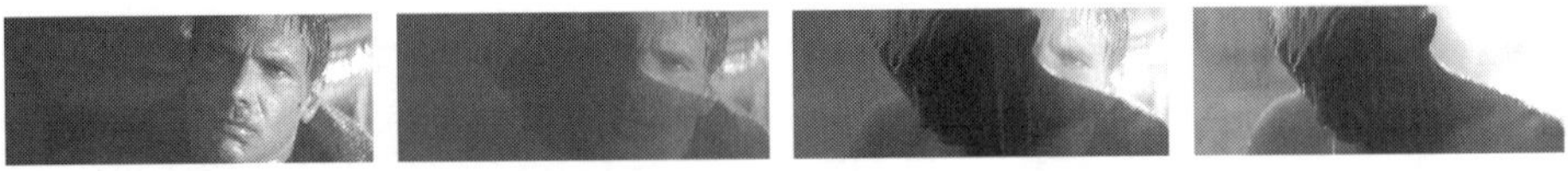

Fig. 4.3. *Blade Runner*. Transición. Encadenado.

Encadenado

El encadenado es un tipo de transición creada para dar la sensación de un cierto adelanto o retroceso en el tiempo, que pueden ser horas, días o incluso años. Esto no significa que no sea adecuada también para expresar simultaneidad de acciones, o que no haga referencia al espacio temporal de la acción. La diferencia con el corte es que el encadenado es una técnica perfectamente visible para el espectador y, aunque puede tener diferentes duraciones, lo normal es que transcurra entre medio segundo y dos segundos (algo así como 10-40 fotogramas). Además, otorga a las imágenes una inusual delicadeza y una fluidez narrativa extrema.

En sí mismo el encadenado consiste en entrelazar dos planos, uno saliente y otro entrante. En un breve lapso de tiempo, el primero va desapareciendo mientras que el segundo se hace paulatinamente nítido. Es, por tanto, una transición suave y agradable a la vista. En *Blade Runner* se recurre a dos encadenados para mostrar la singular relación entre el policía Deckard y el replicante Roy. El segundo de ellos es de una especial fuerza y belleza, ya que tiene lugar tras las míticas palabras que Roy dirige al policía antes de morir (Fig. 4.3).

Como hemos anotado más arriba, es usual que el encadenado pueda sugerir un cambio en el tiempo de la acción. En *Casablanca* se elige un sugerente encadenado como recurso temporal para presentar el ambiente nocturno del Rick's Café Américain inmediatamente después de la llegada matutina del Mayor Strasser al aeropuerto (Fig. 4.4).

El encadenado también es apropiado para indicar un cambio en el escenario de la acción desde el plano precedente hasta el que viene a continuación.

Fig. 4.4. *Casablanca*. Transición. Encadenado temporal.

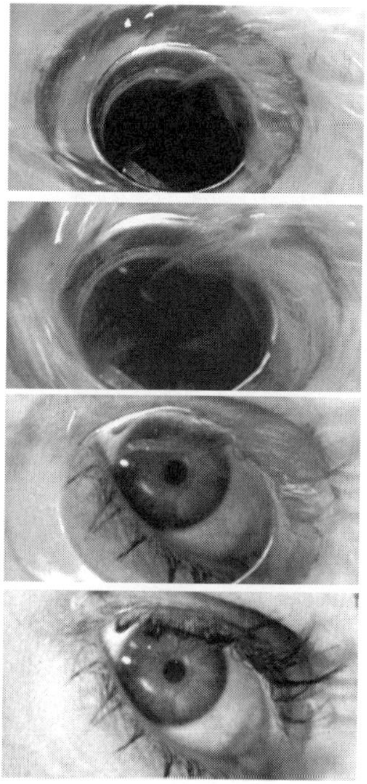

Fig. 4.5. *Psicosis*. Transición. Encadenado con raccord.

Por tanto puede no sólo sugerir transformación en el espacio temporal sino también aludir, como a menudo lo hace, al espacio físico. De este modo la desconexión lógica entre los dos planos queda atenuada por una transición que sugiere cambio de escenario, de tiempo o, simplemente término de un momento especialmente significativo de la película.

Dentro de este tipo de transición encontramos una variante denominada **encadenado con "raccord"**. Consiste en un encadenado, pero en este caso el elemento unitivo entre planos es un mismo elemento gráfico, que puede ser un objeto, una forma geométrica, una persona, etc. Un ejemplo de este peculiar modo de encadenado sería el paso de un plano que recogiera a una persona dentro de un coche, a través de cuyos cristales se observa la luz del día, a otro plano con idéntico encuadre en el que se ha hecho de noche. Hitchcock utilizó esta variante de raccord en la famosa escena de la ducha en *Psicosis*, cuando, tras el asesinato, un plano del desagüe da paso al plano detalle del ojo de Janet Leigh. En este caso, el raccord no es más que el elemento circular que comparten ambos planos (Fig. 4.5).

Enfoque / Desenfoque

Esta técnica de transición es en realidad una modalidad del encadenado de planos, sólo que, en este caso, en el breve espacio en que los planos se solapan en la pantalla se incluye una variante específica consistente en desenfocar ambas imágenes.

Normalmente el desenfoque de los planos suele ser gradual, de menos a más. Es decir, el primer plano va perdiendo nitidez poco a poco hasta que prácticamente es imposible distinguir la imagen. Es en este momento de desenfoque total del plano antecedente, cuando se produce la mezcla con el plano posterior, que a su vez se irá aclarando poco a poco hasta que desaparezca por completo la imagen borrosa y aparezca perfectamente visible el nuevo plano.

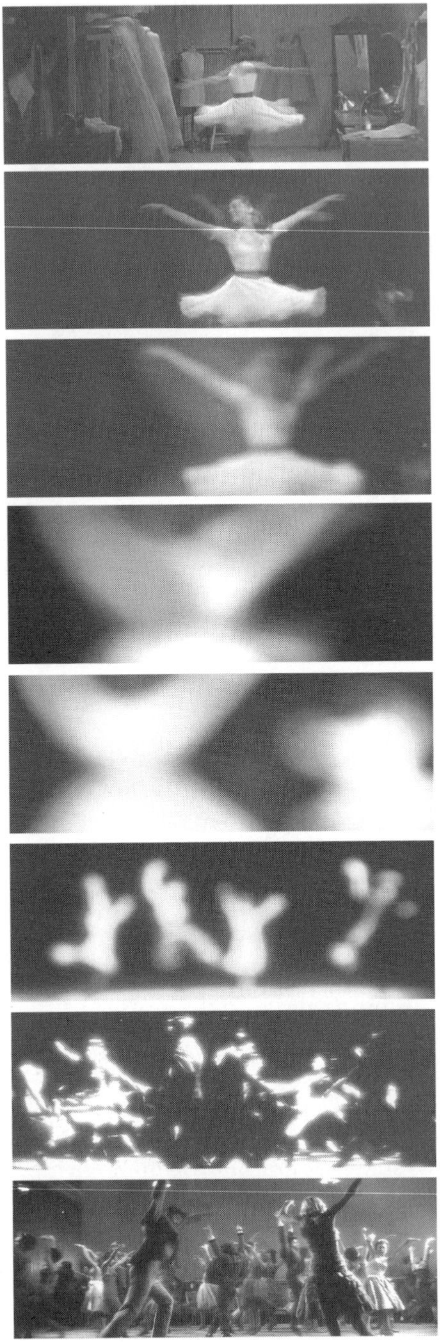

En *West Side Story* podemos ver un ejemplo significativo de este tipo de transición, cuando María comienza a girar sobre sí misma y el plano comienza a desenfocarse a la vez que adopta un estridente color rojo. Poco a poco, la imagen comienza a hacerse nítida y aparece en pantalla otro plano de baile distinto (Fig. 4.6).

Este tipo de transición se ha usado mucho en el cine a la hora de mostrar en pantalla el punto de vista subjetivo de un personaje que pierde o recobra el conocimiento. Así, la imagen se hace borrosa o nítida paulatinamente hasta que en su lugar aparece el siguiente plano.

Cortinilla

Se trata de una transición hoy en día poco frecuente, pero que se utilizó mucho en el Hollywood de los años treinta y cuarenta. La cortinilla consiste en hacer emerger un nuevo plano que desplaza al anterior en el mismo encuadre, algo así como un telón que se cierra por encima del plano antecedente. Visualmente, lo que observa el espectador no es más que una línea que atraviesa la pantalla de un extremo a otro.

Existen multitud de maneras de configuración de cortinillas. De ordinario son oblicuas, horizontales o ver-

Fig. 4.6. *West Side Story*. Transición. Enfoque/Desenfoque.

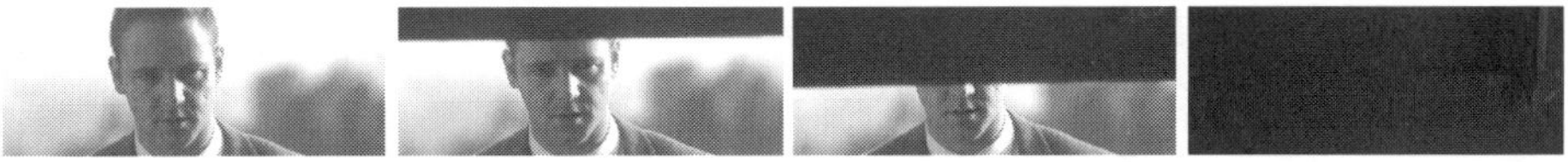

Fig. 4.7. *L.A. Confidential*. Transición. Cortinilla.

ticales, pero también pueden surgir a partir de otro tipo de formas geométricas, como cuadrados, espirales o círculos (iris). En algunas películas del Hollywood clásico se usaron como transición un conjunto de círculos que se iban agrandando hasta que ocupaban la pantalla por completo dando paso al nuevo plano. Incluso, en ocasiones, se puede jugar con el mismo contenido de la película para componer un singular fundido en cortinilla, por ejemplo con el ojo de una cerradura que se amplía gradualmente o con una puerta de garaje que se cierra de arriba abajo hasta dejar el plano en fundido en negro, como sucede en *L.A. Confidential* (Fig. 4.7). Un elemento parecido es usado en *El crepúsculo de los dioses*, pero en este caso Wilder se sirve de una cortina real que se cierra (Fig. 4.8). De cualquier forma, se puede entender que las cortinillas siempre se basan en el mismo principio.

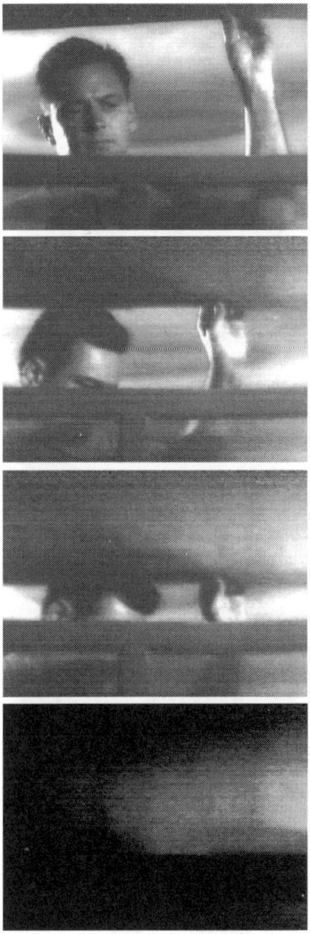

Fig. 4.8. *El crepúsculo de los dioses*. Transición. Cortinilla.

Un tipo de cortinilla especial es el que se produce cuando un plano emergente parece empujar a otro en el mismo encuadre de la pantalla. Mientras que en la cortinilla tradicional se aprecian diferentes alturas en los planos, en este tipo de transición ambos planos imitan estar al mismo nivel, de tal forma que el plano antecedente se desplaza intacto en el encuadre.

Barrido

La transición de barrido, como su mismo nombre indica, sugiere un desplazamiento vertiginoso de la cámara a través de numerosos escenarios desde el plano antecedente hasta quedar detenida en el plano final. Durante el espacio de tiempo que dura esta transición, lo único que

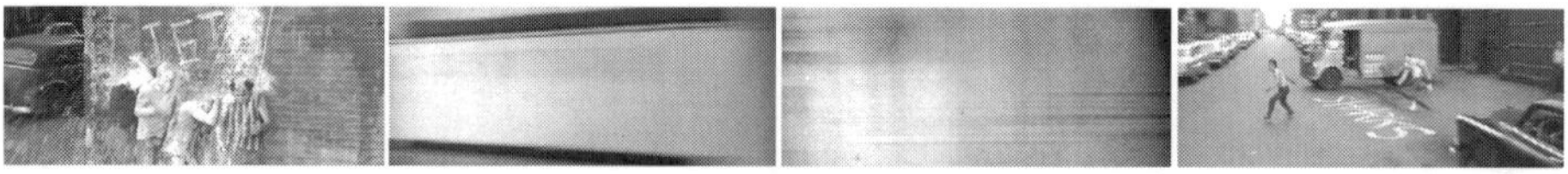

Fig. 4.9. *West Side Story*. Transición. Barrido.

observa el espectador es un desplazamiento acelerado de colores y formas por completo indistinguibles. De ordinario expresaría simultaneidad de acciones entre los dos planos.

Por su misma naturaleza, el barrido no ha de usarse con demasiada frecuencia en una misma película, ya que su resultado es ciertamente recargado, quizá estridente, y su abuso puede resultar poco natural.

Es especialmente adecuado en películas de ritmo acelerado. Ejemplos de este tipo de transición, hoy bastante raro, se pueden observar en dos escenas del musical *West Side Story* (Fig. 4.9) y del western crepuscular *Grupo salvaje* (Fig. 4.10). La función de ambos barridos es conectar temporalmente dos puntos que no entran conjuntamente en el encuadre.

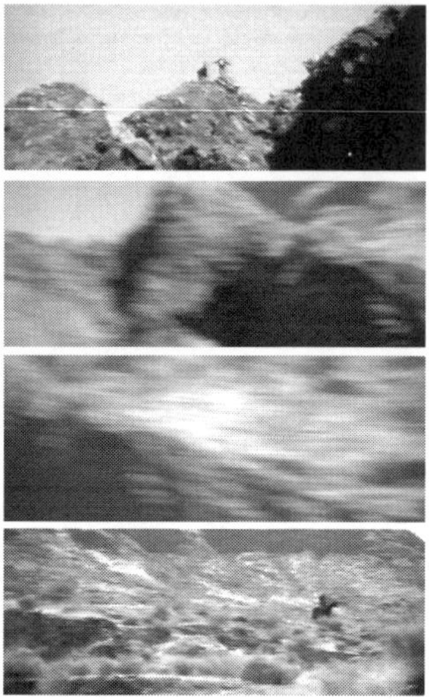

Fig. 4.10. *Grupo salvaje*. Transición. Barrido.

Fundidos

Existen principalmente dos tipos de fundidos: en blanco y en negro, aunque lógicamente se pueden usar colores diversos. La técnica consiste en que el plano saliente adopta ese color, negro o blanco generalmente, el cual permanece en pantalla durante unos instantes hasta dar paso al plano siguiente, que abre desde el mismo color.

En realidad, mientras que el corte, el encadenado o el desenfoque conectan los planos, transiciones como el fundido o el barrido son más bien separadoras de imágenes, es decir, durante el tiempo que dura la transición ninguno de los dos planos aparece en pantalla. Hay pues, una pausa, normalmente mínima, pero suficiente para ralentizar la narración.

En *Psicosis* Hitchcock realiza un fundido en negro tras el plano del coche de Marion hundiéndose en el pantano, bajo la mirada de Norman Bates (Fig. 4.11).

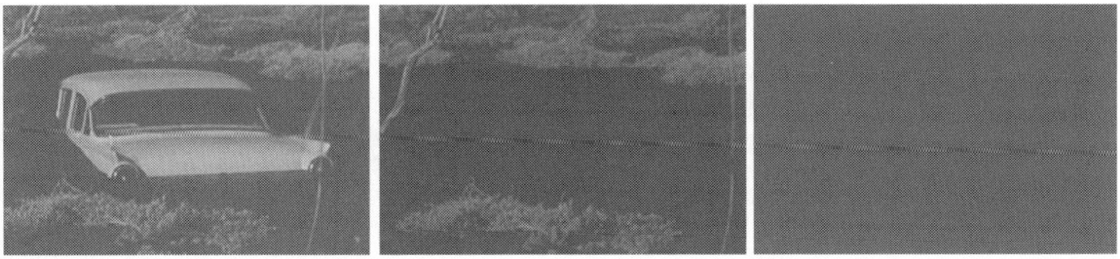

Fig. 4.11. *Psicosis*. Transición. Fundido en negro.

Fig. 4.12. *West Side Story*. Transición. Fundido color.

En ocasiones, los directores juegan con los colores tras el fundido. *En West Side Story*, hay un fundido en negro de un plano general picado de Tony. Instantes después, la imagen vira al azul y recupera un plano medio de María (Fig. 4.12).

Lo más frecuente es que las películas adopten el color negro para el fundido. Pero, además, en muchas de ellas se usa como elemento una parte narrativa de la misma secuencia. A modo de ejemplo, digamos que para fundir en negro puede utilizarse como enlace un personaje que sale de una habitación y apaga la luz, o un tren que entra en un túnel.

Por otra parte, la utilización del fundido en blanco es bastante inusual y, al contrario que el fundido en negro, viene normalmente emparejado con otros tipos de transiciones, tales como el desenfoque o el encadenado. Asimismo, pueden usarse también elementos narrativos para introducirlo: la luz del sol o de una bombilla, por ejemplo, o el humo de un cigarro cuyas volutas invaden gradualmente la pantalla, como ocurre muy tenuemente en *Casablanca*, cuando Humphrey Bogart rememora el pasado en París. La imagen en este caso se aclara muy poco a poco para finalizar con un encadenado que da entrada al *flash-back* (Fig. 4.13).

Fig. 4.13. *Casablanca*. Transición. Fundido en blanco con encadenado.

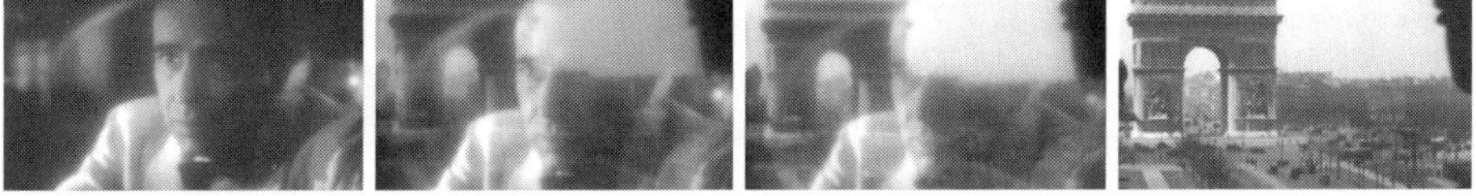

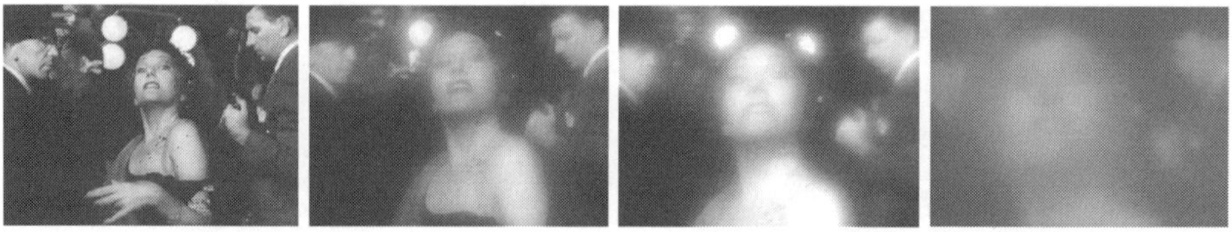

Fig. 4.14. *El crepúsculo de los dioses*. Transición. Fundido en blanco.

El lector puede apreciar por estos ejemplos que el fundido en blanco tiene además una diferencia significativa respecto del fundido en negro o en cualquier otro color: la capacidad de sugerir evocación y recuerdo. Aunque, a veces, simplemente presta a la imagen un marcado tono lírico o simbólico, como sucede con el fundido en blanco que cierra la última escena de *El crepúsculo de los dioses*. Como elemento narrativo se usa aquí la luz del foco que deslumbra progresivamente el rostro de Norma Desmond (Fig. 4.14).

5

El asesino esquizofrénico Norman Bates (Anthony Perkins) se encuentra detenido en la comisaría. La personalidad de su madre se ha adueñado de él y de sus pensamientos.

—Bates: "Ellos saben que no puedo ni mover un dedo, ni quiero. Me quedaré aquí sentada, no haré un solo movimiento. Sospecharían de mí. Probablemente me vigilan. Que vigilen... Así se darán cuenta de la clase de persona que soy. (Ve una mosca). No voy a matarte, tranquilízate. Seguro que me están vigilando, mejor, así dirán «¡pero si no fue capaz ni de matar a una mosca!»".

Psicosis (1960), guión de Joseph Stefano.

EFECTOS TÉCNICOS

Desde que Georges Méliès introdujera los primeros trucajes visuales en sus cortos de ficción, la búsqueda de artificios técnicos con que traspasar las fronteras del registro convencional de imágenes ha sido una constante en la historia del cine. El propósito de este capítulo es comentar algunas de las más conocidas y frecuentes de estas técnicas, justificando las razones de su fortuna y aceptación generalizadas a lo largo de la evolución del Séptimo Arte.

En este sentido, dejaremos de lado casi todo lo referente al inabarcable mundo de los modernos efectos especiales para centrarnos en los recursos más clásicos y reconocidos, muchos de los cuales han terminado ya por adquirir una entidad expresiva y funcional propia, ocupando su lugar específico dentro del lenguaje cinematográfico convencional.

Comenzaremos tratando de cuatro efectos relacionados con la esfera del montaje: ralentización, aceleración, congelado e inversión del movimiento, para a continuación referirnos a otros cuatro efectos esta vez de tipo "visual", como son el desenfoque, la sobreimpresión, la fragmentación de la imagen y la transparencia.

Ralentización

La ralentización de la imagen, también llamada habitualmente "cámara lenta", es el efecto que se logra rodando a una velocidad de cámara superior a la normal para luego, al proyectar a la velocidad de paso convencional, obtener una reproducción más lenta de la acción.

Según esto, si rodamos por ejemplo una escena a 48 fotogramas por segundo, conseguiremos al proyectarla a velocidad estándar (24 fotogramas por segundo) una reproducción el doble de lenta.

Fig. 5.1. *Blade Runner*. Ralentización.

Se trata de un recurso expresivo que tiene por objeto alargar el tiempo real de una acción consiguiendo de este modo enfatizarla frente a las demás. En *Blade Runner*, por ejemplo, la secuencia de la muerte de Zhora, acribillada mientras atraviesa varias lunas de un escaparate, alcanza un dramatismo sobrecogedor gracias precisamente a un ralentizado progresivo de la imagen (Fig. 5.1). De modo mucho menos evidente, este recurso vuelve a ser utilizado casi subliminalmente en la escena de la muerte de Roy sobre la azotea. El efecto obtenido aquí es casi contemplativo ante la impresionante imagen del replicante sin vida bajo la lluvia. Incluso el vuelo inmediatamente posterior de la paloma está ligeramente ralentizado con el fin de evitar toda brusquedad excesiva.

Son sin embargo las cámaras lentas de las masacres inicial y final de *Grupo Salvaje* las que, por derecho propio, han pasado ya a ocupar un lugar de honor en la historia del cine. Pocos comentarios pueden hacerse que no se conviertan de inmediato en superfluos tras un visionado de las escenas, o mejor, de la película en cuestión. Tan sólo quizá, que tras la conmoción suscitada entre el público, surgió una auténtica legión de imitadores dentro y fuera de EE.UU., y el mismo Peckinpah se vería obligado a recurrir una y otra vez en el futuro a este tipo de pasajes ultraviolentos rodados a cámara lenta para colmar las expectativas de sus admiradores. Sin embargo, probablemente nunca llegaría a expresar el sinsentido absoluto de la violencia con la misma fuerza irresistible que imprimió a las imágenes de *Grupo Salvaje* (Fig. 5.2).

Aceleración

Si la ralentización tenía como objetivo conseguir una reproducción de las acciones a cámara lenta, la aceleración de la imagen o "cámara rápida" constituye el efecto técnico inverso. Se trata en esta ocasión de filmar a una velocidad

Fig. 5.2. *Grupo salvaje*. Ralentización.

inferior a la normal para obtener luego, al proyectar a la velocidad estándar, una reproducción más rápida de la realidad.

Procedentes originariamente del cine cómico mudo, las aceleraciones son también susceptibles de intencionalidad dramática al expresar por ejemplo el paso del tiempo, la rutina del trabajo o de la realidad cotidiana...

Hay que puntualizar, sin embargo, que en aquellos casos en los cuales se pretende plasmar el transcurso de un proceso muy largo —la construcción de un edificio, el abrirse de una flor...— la técnica empleada difiere de la expuesta al principio. En este caso, será preciso registrar día a día, mes a mes, una serie de imágenes con idéntico emplazamiento de cámara, encuadre, iluminación... La reproducción de esta secuencia de fotogramas en pantalla con la gradación adecuada conseguirá el efecto de una especie de cámara rápida "a gran escala".

Congelado

Se denomina congelado al efecto de montaje que consiste en paralizar una imagen en la pantalla durante cierto tiempo.

Fig. 5.3. *Grupo salvaje*. Congelado.

Objetivamente, la consecuencia directa del congelado no es más que una suspensión momentánea del tiempo de la acción (o definitiva, si se trata del plano final). Desde un punto de vista subjetivo, sin embargo, el efecto expresivo obtenido resulta extremadamente poderoso: fijar de modo inequívoco la atención del espectador sobre un elemento o instante que se desee realzar.

Al comienzo de *Grupo Salvaje*, los títulos de crédito muestran los nombres de los actores sobre sucesivos congelados de los personajes correspondientes. Mediante este sencillo recurso, las imágenes de los protagonistas quedan transfiguradas ya desde un principio en algo parecido a viejas fotografías de color sepia. Nada más apropiado para imprimir un tono de recuerdo o de leyenda a este relato crepuscular sobre el viejo Oeste (Fig. 5.3).

Inversión del movimiento

Se entiende por inversión del movimiento el efecto que se obtiene al hacer retroceder la película en el interior de la cámara durante la filmación, de modo

Fig. 5.4. *West Side Story*. Desenfoque.

que al reproducirla en sentido de avance natural, la acción tenga lugar desde atrás hacia delante, comenzando por el final.

El uso de este recurso es más bien poco frecuente. Dejando aparte su empleo en burdos trucajes, suele aparecer para expresar retroceso en el tiempo, a veces con carácter cómico. En contraste, carece por lo general de todo valor dramático debido a su extrema irrealidad.

Desenfoque

Como su propio nombre indica, el desenfoque consiste en provocar una falta de nitidez en la imagen desajustando el enfoque de la cámara durante el rodaje.

Este efecto posee un sentido convencional bien definido cuando forma parte de alguna modalidad de transición, con o sin fundido de por medio. En el resto de los casos, su utilización expresiva es bastante libre: desde un desvanecimiento en plano subjetivo, hasta un amor a primera vista en plano objetivo como sucede en la escena de baile de *West Side Story*, cuando María y Tony se encuentran por primera vez (Fig. 5.4).

Sobreimpresión

Se denomina sobreimpresión al efecto técnico que consiste en impresionar dos o más imágenes sobre el mismo fragmento de película.

Se trata de un procedimiento de origen fotográfico que fue profusamente utilizado como origen de diversos trucajes visuales durante el cine mudo. Pronto cobraría, sin embargo, un nuevo sentido: el de transición con elipsis temporal propia del fundido encadenado. Al margen de este uso retórico, lo cierto es que la técnica del sobreimpresionado posee todavía hoy una enorme versatilidad como medio para obtener los más variados efectos.

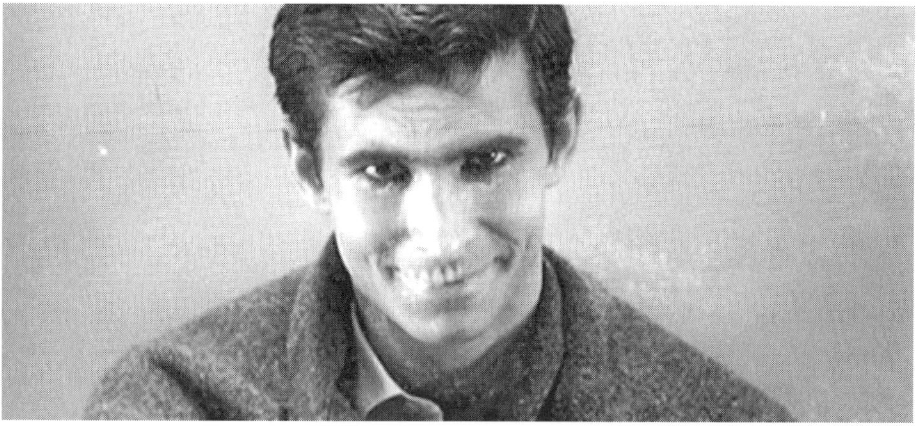

Fig. 5.5. *Psicosis*. Sobreimpresión.

En el plano final de Norman Bates en *Psicosis*, Hitchcock hizo uso de la sobreimpresión para insinuar en el rostro de Anthony Perkins la macabra calavera de su madre. Ya fuera un símbolo de la presencia de la madre muerta en la mente de Norman, o un simple capricho visual, este pequeño detalle consigue provocar un último sobresalto que constituye sin duda un magnífico punto final para el conjunto de la película (Fig. 5.5).

Fig. 5.6. *Casablanca*. Sobreimpresión.

Puede ser que la sobreimpresión tenga también un sentido de contemporaneidad o explicación de determinadas situaciones narrativas. Es lo que ocurre en los compases iniciales de *Casablanca*, cuando sobre el mapa de Francia se impresionan imágenes reales de la II Guerra Mundial. La acción de la película y su ambientación histórica quedan así perfectamente definidas (Fig. 5.6).

Fragmentación de la imagen

La fragmentación de la imagen cinematográfica constituye una variedad particular de sobreimpresión que se caracteriza por dividir el espacio visual en varias regiones perfectamente determinadas.

Fig. 5.7. *L.A. Confidential*. Fragmentación de la imagen.

En rigor, no existe por tanto una superposición de capas dentro del fotograma, sino más bien una contigüidad de las mismas según zonas bien definidas. Esta peculiaridad es, precisamente, la que hace de este recurso un medio idóneo para presentar de forma simultánea varias acciones paralelas, en clara alternativa a la técnica clásica del montaje intercalado.

En otras ocasiones, la fragmentación de la imagen puede utilizarse a modo de aclaración, cumpliendo así una función similar a la del paréntesis en un texto escrito. Un ejemplo de ello puede verse en *L.A. Confidential,* cuando el detective Bud White recuerda la identidad de la chica que yace muerta sobre la camilla (Fig. 5.7).

Un empleo más "convencional" de la fragmentación de la imagen, próximo a la estética televisiva, aparece en esta misma película al sobreimpresionar el rótulo "L.A. Confidential" de los créditos iniciales sobre una pantalla dividida en cuatro imágenes contiguas rectangulares (Fig. 5.8).

Fig. 5.8. *L.A. Confidential*. Fragmentación de la imagen.

Fig. 5.9. *Casablanca*. Transparencia.

Transparencia

Podemos definir la transparencia como el trucaje que consiste en filmar una escena utilizando como fondo una pantalla translúcida sobre la que se proyectan imágenes desde el lado opuesto.

Fue una técnica muy recurrente en el cine clásico, donde se solía emplear para conseguir un fondo móvil en secuencias que habrían sido especialmente difíciles de rodar en los verdaderos lugares de la acción. Un ejemplo característico lo constituyen los fondos de las escenas que muestran primeros planos frontales de personajes montados en coches. Así ocurre en el *flash-back* de *Casablanca* (Fig. 5.9) o en la escena del paseo en auto de *El crepúsculo de los dioses* (Fig. 5.10), entre las cuales puede apreciarse, por otro lado, un notable progreso en lo que a factura técnica se refiere.

Fig. 5.10. *El crepúsculo de los dioses*. Transparencia.

Existe una escena en *Psicosis* donde el uso de la transparencia alcanza una eficacia visual extremadamente sutil. Se trata de las imágenes de Arbogast precipitándose por las escaleras de la mansión de los Bates después de ser apuñalado. En primer lugar, Hitchcock rodó con la dolly el descenso de la

Fig. 5.11. *Psicosis*. Transparencia.

escalera sin el personaje. Luego, colocó a Arbogast sentado en una silla especial ante la pantalla de transparencia en la cual se proyectaba el descenso de la escalera. Allí Arbogast balanceaba la silla mientras batía los brazos en el aire, con lo que se consiguió un efecto final verdaderamente notable (Fig. 5.11).

6

El guionista Joe Gillis (William Holden) acaba de morir en la casa de Norma Desmond (Gloria Swanson). Suena su voz en off.

—Gillis: "Ya ven que se ha encontrado el cuerpo de un hombre flotando en la piscina de la mansión, con dos tiros en la espalda y uno en el estómago. Nadie importante, un simple escritor de guiones con un par de películas de segunda clase en su haber. ¡Pobre tipo! Siempre quiso una piscina... Bueno, al final consiguió una, sólo que el precio resultó ser un poco alto. Retrocedamos seis meses hasta el día en que todo empezó".

El crepúsculo de los dioses (1950), guión de Charles Brackett y Billy Wilder.

RECURSOS NARRATIVOS

No es tarea fácil explicar en breves palabras qué se esconde exactamente tras el título "recursos narrativos", con que se abre este sexto capítulo. Porque, en definitiva, ¿qué tienen en común procedimientos tan dispares en apariencia como el montaje por acciones paralelas, la inserción de un *flash-back*, o el recurso a la voz en off?

Podríamos decir básicamente que todos los elementos tratados en el presente capítulo constituyen medios o técnicas de conducción narrativa usuales dentro del lenguaje cinematográfico. Realizando un símil con el lenguaje verbal, si hasta aquí nos habíamos ocupado de la utilización de las palabras y sus combinaciones más simples, ahora nos disponemos a hablar sobre aquellos recursos que afectan a la organización global del relato.

Se trata de procedimientos de un nivel mayor de abstracción, que hacen referencia a aspectos de la película tales como la ordenación temporal de la historia, la interrelación de las diferentes tramas que intervienen en ella, el punto de vista desde el cual se enfoca la narración, el proceso de gradación de la tensión dramática, etc., y que en el fondo no son completamente ajenos a otras artes de naturaleza discursiva como la prosa literaria. En el cine, sin embargo, estos recursos adoptan notas particulares ligadas al hecho de materializarse a través del lenguaje audiovisual y no de otro, y por esta razón merecen ser estudiados de manera específica.

Acciones paralelas

Las acciones paralelas o, más rigurosamente, el montaje por acciones paralelas, es la técnica consistente en intercalar alternativamente imágenes correspondientes a dos o más acciones argumentales que transcurren normalmente en tiempos simultáneos pero en espacios diversos.

Fig. 6.1. *Grupo salvaje*. Acciones paralelas.

Fig. 6.2. *Grupo salvaje*. Acciones paralelas.

Habitualmente, las acciones paralelas avanzan progresivamente hasta alcanzar una culminación común, momento en el cual suele decirse que las acciones "se encuentran". No es absolutamente necesario, sin embargo, que esta convergencia tenga lugar materialmente, pudiendo resolverse los distintos hilos de forma independiente en el espacio o incluso en el tiempo.

Para precisar con mayor propiedad el concepto de acciones paralelas, puede resultar ilustrativo recurrir a la secuencia inicial de *Grupo salvaje*. En ella, las imágenes de la banda de Pike cabalgando hacia el banco se alternan primero con las de un grupo de niños que juegan al borde del camino y luego, con las de Deke y sus hombres tomando posiciones en los tejados. En el primer caso, los planos de los niños que se divierten viendo como unas hormigas matan a un escorpión, constituyen, más que una acción paralela en sentido estricto, un contrapunto de carácter expresivo de la acción principal. En efecto, frente a la aparente tranquilidad de los jinetes, la crueldad de los niños genera una atmósfera inquietante que preludia certeramente lo que está por llegar (Fig. 6.1).

Tras esta serie de insertos comienzan a intercalarse las imágenes del grupo de Deke Thornton, en lo que esta vez sí representa el modelo de unas acciones paralelas "clásicas". Ambas líneas se hallan directamente relacionadas entre sí, se desarrollan en paralelo creciendo paulatinamente en tensión, y finalmente acaban confluyendo en el tiroteo y la huida posterior (Fig. 6.2).

Otros dos excelentes ejemplos de la enorme potencia expresiva del montaje por acciones paralelas los constituyen los desenlaces de *Psicosis* y *Blade Runner*. En el primero de los títulos, Leila (Vera Miles) inspecciona la mansión de los Bates mientras Sam entretiene a Norman en la recepción del motel. Poco a poco, la tensión crece en

Fig. 6.3. *Psicosis*. Acciones paralelas.

ambas acciones: Leila nos adentra en la alcoba de la señora Bates y en la habitación de juegos de Norman, al tiempo que Sam acorrala a Norman cada vez más con sus incisivas preguntas. El fragmento de montaje por acciones paralelas simula haber finalizado con el forcejeo y la puesta fuera de combate de Sam. Sin embargo, al continuar adelante con la escena no tardamos en comprobar que la esperada confluencia se produce, tras una serie de planos singularmente larga de Leila, cuando ésta se adentra en el sótano de la mansión. Es allí donde, con milimétrica precisión, Hitchcock desencadena toda la tensión acumulada hasta el momento (Fig. 6.3).

Al final de *Blade Runner*, la técnica de montaje por acciones paralelas se utiliza para realzar uno de los elementos argumentales clásicos de este tipo de tratamiento: la persecución. Esta vez, la prolongada serie de imágenes paralelas de Rick Deckard y Roy Batty a través de la casa de Sebastian alcanza su clímax con el memorable plano de las manos entrelazadas: el replicante, que se sabe a punto de morir, ha decidido salvar la vida del humano (Fig. 6.4, en la página siguiente).

La secuencia de *West Side Story* que antecede a la pelea de bandas, posee un tratamiento bastante más sofisticado al tiempo que inusual del montaje por acciones paralelas, y ello por diversos motivos. En primer lugar, la secuencia está concebida en su totalidad como un número musical, con todo lo que esto conlleva de sumisión al ritmo y a la estructura propios de la canción. Segundo, se trata en esta ocasión de hasta cinco acciones paralelas considerablemente heterogéneas entre sí: dos de grupo (las dos bandas) frente a tres individuales (María, Tony y Anita); tres en movimiento (las dos bandas y Tony se dirigen al lugar de la pelea)

Fig. 6.4. *Blade Runner*. Acciones paralelas.

frente a dos estáticas (María canta desde su ventana y Anita desde el interior de su habitación). Finalmente, el conjunto no culmina de forma inmediata con una confluencia física en el escenario acordado para el enfrentamiento. Por el contrario, será en las escenas posteriores cuando se desarrollará la pelea, y María y Anita conocerán el desenlace de la misma. El resultado constituye sin duda una de las secuencia técnicamente más brillantes de la película, dotada de un ritmo absolutamente arrollador que crece progresivamente hasta sumergir al espectador dentro en un deslumbrante torbellino de imagen y sonido (Fig. 6.5).

Elipsis

Entendemos por elipsis la omisión consciente de un fragmento de la acción dentro del montaje final del relato.

Conviene distinguir dos usos diversos de este recurso: el primero de ellos posee carácter funcional y constituye una de las convenciones clásicas del lenguaje cinematográfico. Consiste en presentar los fragmentos significativos del relato omitiendo los pasajes narrativamente superfluos. El espectador percibe con naturalidad el lapso de tiempo transcurrido sin echar en falta nada en concreto. A esto contribuyen ciertos tipos de transiciones características como fundidos, iris, cortinillas, etc.

El segundo empleo característico de la elipsis tiene, en contraste con el anterior, una intencionalidad fundamentalmente

Fig. 6.5. *West Side Story*. Acciones paralelas.

expresiva. Se trata en este caso de omitir un fragmento que el espectador echará en falta, bien inmediatamente o a posteriori. La pretensión ahora no es sugerir el paso del tiempo, sino escamotear un pasaje de la narración. Según puede intuirse, el procedimiento de montaje más eficaz para conseguir este propósito no es otro que el corte simple.

La entidad del elemento omitido puede variar desde un simple plano hasta secuencias completas. En *L.A. Confidential*, por ejemplo, no nos es mostrada la imagen del cadáver del hombre de color que el agente Exley abate en el interior de un ascensor durante el transcurso de una redada. El efecto se acentúa por medio del inteligente montaje a base de planos objetivos y subjetivos alternados en la persecución precedente. Así, en el momento culminante, la ausencia del previsible plano subjetivo conteniendo la visión que Exley tiene

Fig. 6.6. *L.A. Confidential*. Elipsis.

del cadáver provoca en el espectador esa característica mezcla de reparo y curiosidad tan propia de este tipo de figura estilística (Fig. 6.6).

La elipsis del asesinato de J.F. Sebastian en *Blade Runner*, constituye un ejemplo típico de omisión de un episodio narrativo completo. Tras la sobrecogedora escena de la muerte del Dr. Tyrell —filmada con violenta explicitud—, Roy se vuelve hacia Sebastian, que inmediatamente huye despavorido. Las imágenes que siguen, un inserto del búho robot con sus extrañas pupilas blancas y un inquietante plano de Roy descendiendo ya en el ascensor, sugieren que el segundo asesinato ha podido tener lugar. Sin embargo, no es hasta la escena siguiente cuando el espectador escucha, a través de la radio de la nave de Deckard, que el cuerpo de Sebastian ha aparecido sin vida junto al del Dr. Tyrell (Fig. 6.7).

Asimismo, en *Psicosis*, cuando el novio de la malograda Marion va al motel en busca del desaparecido Arbogast, Hitchcock muestra un plano que recoge a Norman de pie junto al borde de la ciénaga. El espectador capta perfec-

Fig. 6.7. *Blade Runner*. Elipsis.

Fig. 6.8. *Psicosis*. Elipsis.

tamente que el coche del detective acaba de hundirse hasta el fondo del pantano con el cadáver de su dueño en el interior (Fig. 6.8).

Flash-back

Se denomina *flash-black* al inserto de un fragmento narrativo situado en un tiempo cronológicamente pasado respecto al tiempo de referencia que se considera como presente en el relato.

La utilización más común de este recurso está asociada a una evocación más o menos breve de algún episodio pasado con el fin de aportar información relevante para el desarrollo de la trama principal.

En este sentido, resulta modélico el *flash-back* de *Casablanca* ambientado en París, a través del cual se introducen todos los antecedentes de la relación que Ilsa y Rick mantuvieron en el pasado. Toda la tensión insinuada hasta ese punto

Fig. 6.9. *Casablanca*. Flash-back.

de la trama queda justificada, al tiempo que se impulsa la escena inminente del encuentro nocturno con nuevo vigor (Fig. 6.9).

La concepción del *flash-back* de *Casablanca,* que podríamos denominar clásica —el desarrollo de una pequeña "historia dentro de la historia" a través de una sucesión de escenas perfectamente articuladas—, es llevada hasta sus últimas consecuencias en *El crepúsculo de los dioses*. Aquí, el *flash-back* ya no es un inserto con la función más o menos instrumental de apoyar o servir de complemento a la trama principal, sino que constituye en sí mismo el relato único y esencial de la película. Su identidad como *flash-back* se conserva sólo gracias a las escenas inicial y final, que fijan de forma inequívoca un presente de referencia desde el cual se plantea y resuelve todo el resto de la historia. El planteamiento que resulta de este recurso es una especie de "veamos cómo se llegó hasta aquí" de enorme eficacia dramática (Fig. 6.10).

En el extremo opuesto, la técnica del *flash-back* de *Grupo salvaje* opta por la brevedad combinada con la fragmentación. Los insertos del pasado, nunca más allá de una única escena, responden a preguntas puntuales acerca del pasado de Pike en el momento preciso: la razón de su rivalidad con Deke, el origen de una cicatriz en la pierna... (Fig. 6.11).

Por último, merece la pena reseñar que es precisamente esta óptica del recuerdo y de la evocación, subyacente a cualquier variante de *flash-back*, la que justifica el empleo del fundido como transición por excelencia para introducir y cerrar este tipo de elemento.

Flash-forward

Si el *flash-back* es un inserto narrativo situado en un tiempo pasado, el *flash-forward*, como su propio nom-

Fig. 6.10. *El crepúsculo de los dioses*. Flash-back.

bre indica, corresponde a un inserto cronológicamente futuro respecto al tiempo presente de referencia.

Su utilización es mucho menos frecuente que la del *flash-back*. El motivo es que el espectador siempre tiende a situar intuitivamente la referencia temporal en el punto cronológico más avanzado, y en consecuencia, le es muy difícil efectuar un salto de tiempo hacia el futuro sin recolocar allí el presente narrativo y recomponer todo lo anterior como parte de un *flash-back*.

Aun así existen ciertas figuras narrativas que, en contextos precisos, merecen ser llamadas *flash-forward* de forma al menos parcialmente justificada. Uno de estos casos lo constituyen aquellos insertos que presentan la visión particular del futuro propia de algún personaje, desde un punto de vista hipotético o incluso onírico, para volver a continuación a la realidad actual de los acontecimientos.

Otro supuesto de *flash-forward*, más discutible aún si cabe, corresponde a los saltos temporales hacia el futuro que carecen de vuelta a atrás en el curso de la narración. Suelen ir introducidos por créditos o voz en off, y no es extraño que cumplan una función de coda o epílogo de la narración.

Fig. 6.11. *Grupo salvaje*. Flash-back.

MacGuffin

Podemos definir el MacGuffin como aquel elemento argumental que sirve como pretexto para introducir, desarrollar o incluso justificar una parte o la totalidad de la acción narrativa, pero que sin embargo carece de importancia real en sí mismo.

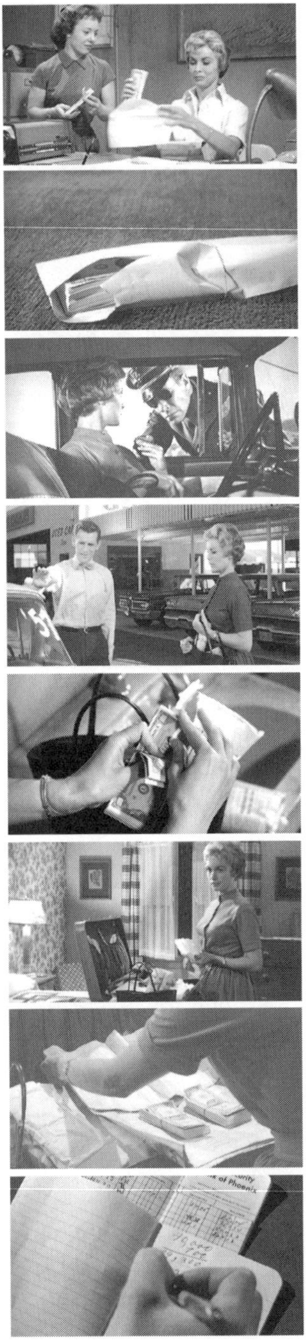

Fig. 6.12. *Psicosis*. MacGuffin.

A pesar de haber sido utilizado por otros realizadores, fue Alfred Hitchcock quien bautizó, definió con precisión e hizo un uso más sistemático de este recurso a lo largo de su carrera. En su célebre entrevista concedida a François Truffaut, el director inglés declara refiriéndose al MacGuffin: «*un fenómeno curioso que se produce invariablemente cuando trabajo por primera vez con un guionista, es que tiene tendencia a poner toda su atención en él [el MacGuffin], y yo debo explicarle que no tiene ninguna importancia en absoluto*».

No es difícil adivinar que en *Psicosis*, el MacGuffin lo constituye el dinero robado por Marion al comienzo de la película. Efectivamente, el robo es el motivo impulsor básico del arranque y de toda la primera parte del film, para a continuación perder rápidamente cualquier tipo de interés dramático.

Sin embargo, la utilización que Hitchcock hace en esta ocasión del MacGuffin esconde además una segunda intención mucho más sutil: se trata de dirigir la atención del espectador hacia Marion y su robo mediante sucesivos detalles —el agente de la policía con gafas oscuras, el cambio de coches— con el objeto de aumentar lo inesperado y brutal del asesinato de la protagonista, cuando aún no se ha cumplido el primer tercio de la película. No es extraño que Hitchcock admitiera, en la misma entrevista mencionada antes, que *Psicosis* había supuesto su experiencia más apasionante de «juego con el público» (Fig. 6.12).

Voz en off

Denominamos voz en off a una locución cuyo origen se encuentra fuera del campo visual de la imagen en pantalla.

Fig. 6.13. *Blade Runner*. Voz en off.

A pesar de su aparente heterogeneidad con los recursos narrativos enumerados hasta aquí —que hacían referencia sobre todo a la esfera del guión y/o del montaje—, la voz en off merece cerrar este capítulo por derecho propio. No podía ser de otro modo, ya que constituye el vehículo expresivo más frecuente del que es sin duda el mecanismo de conducción narrativa por antonomasia: el narrador.

Conviene sin embargo, antes de seguir adelante, hacer cuando menos una mención de algunos otros usos comunes de la voz en off. Tal es el caso de aquellos fragmentos de voces o diálogos que, a pesar de hallarse directamente insertados en la acción, provienen de personajes situados fuera de campo (que hablan desde el interior de una habitación contigua, por ejemplo). Otra modalidad consiste en adelantar al final de una escena un fragmento de diálogo o de sonido ambiental perteneciente a la escena inmediatamente posterior, con el fin de impulsar la acción sucesiva.

Volviendo a la voz en off con papel narrativo, resulta inevitable hacer referencia en primer lugar al "caso *Blade Runner*". Como es bien sabido, el montaje original de Ridley Scott no contenía voz en off alguna. Sin embargo, exigencias de carácter comercial —se temía que la película resultase poco menos que incomprensible para el gran público— obligaron a añadir la narración por parte de Deckard. El visionado de ambas versiones habla bien a las claras del valor explicativo y clarificador propio de este recurso. El precio que la película hubo de pagar por ello, demasiado alto tal vez, es otra historia (Fig. 6.13).

En *El crepúsculo de los dioses* es también el protagonista quien relata toda la historia, pero con el pequeño añadido de que en esta ocasión sabemos desde

Fig. 6.14. *Psicosis*. Voz en off.

el primer momento que éste se halla... muerto. El hallazgo, que roza en un principio lo macabro, posee ese inconfundible sello, entre cínico y trágico, tan propio de Wilder.

Por último, merece la pena considerar un ejemplo algo más sofisticado procedente de *Psicosis*. Se trata de la huida en coche de Marion tras robar los 40.000 dólares. Esta vez, lo que escuchamos en off son las voces de su jefe y de la policía tal y como las reproduce ella en su imaginación. Asistimos, por decirlo así, a una especie de escenificación virtual (sonora) del descubrimiento y persecución del delito a través de la subjetividad de la protagonista. En el fondo, no es más que una mezcla de narración y recapitulación de lo sucedido hasta el momento; una de esas leves paradas para tomar aliento y ordenar las ideas frecuentes en Hitchcock; si bien es cierto que habilísimamente encubierta, como es habitual en él (Fig. 6.14).

7

Rick (Humphrey Bogart) e Ilsa (Ingrid Bergman) se despiden en el aeropuerto. Él le explica por qué debe tomar el avión para Lisboa.

—Rick: "Perteneces a Víctor. Eres parte de su obra. Eres su vida. Si ese avión despega y no estás con él, lo lamentarás. Tal vez no ahora, tal vez ni hoy ni mañana, pero más tarde, toda la vida.
—Ilsa: "¿Nuestro amor no importa?"
—Rick: "Siempre tendremos París. No lo teníamos, lo habíamos perdido hasta que viniste a Casablanca. Pero lo recuperamos anoche.
—Ilsa: "Dije que nunca te dejaría".
—Rick: "Y nunca me dejarás".

Casablanca (1942), guión de Julius y Philip Epstein, y Howard Koch.

ARTICULACIÓN DEL DISCURSO FÍLMICO

El último de los capítulos de esta guía está dedicado al análisis de la estructura narrativa de las películas. O dicho de un modo más sencillo, a cómo las películas construyen sus historias. La respuesta a esta pregunta, en el fondo, no va a diferir mucho de la que podría darse para cualquier otra forma narrativa. Y es que también en el cine, la suma de muchas pequeñas piezas es la que va, progresivamente, formando el todo. En las películas, estas piezas reciben el nombre de planos, escenas y secuencias.

El plano, unidad básica de la narrativa cinematográfica, se une a otros planos constituyendo escenas, las cuales, por sí mismas o junto con otras, dan lugar a las secuencias. Posteriormente, las diversas secuencias se integrarán dentro de esquemas narrativos más amplios —como el clásico planteamiento-nudo-desenlace— configurando la estructura definitiva del relato completo.

Esta última fase de elaboración narrativa "a gran escala", sin embargo, pertenece ya propiamente al ámbito de la Teoría de Guiones, y no la trataremos aquí por exceder con creces nuestros propósitos. Por tanto, una vez delimitado el objeto de nuestro interés, comencemos ya sin más preámbulos hablando del plano.

Plano

El plano es la unidad básica de la narrativa audiovisual, el elemento constitutivo y configurador por excelencia de la película. En efecto, una narración fílmica no es otra cosa, en esencia, que una sucesión de planos dispuestos de una manera determinada, cuyo conjunto ordenado hace posible un discurso visual coherente.

Esta primera definición, adelantada ya en el capítulo 1, quizá pudo resultar entonces un tanto abstracta debido a su carácter eminentemente teórico. Más precisa e intuitiva es aquélla que caracteriza al plano, desde un punto de vista técnico, como la toma o fragmento de toma que entra a formar parte del montaje definitivo. La pregunta ahora, claro está, pasa a ser la siguiente: ¿y qué se entiende exactamente por una toma? Una toma o plano de registro —por contraposición al plano de edición— no es más que una serie de imágenes captadas mediante una cámara de forma continua, es decir, aquello que la cámara registra cada vez que empieza a filmar, desde el grito de "¡acción!" hasta el de "¡corten!".

La materia prima obtenida tras la fase de rodaje de una película, de cara al montaje posterior, se compone precisamente de un sinfín de tomas, normalmente varias por cada pequeño fragmento de la acción. El proceso de montaje consistirá en seleccionar las tomas idóneas, recortarlas cuando tan sólo sea requerido un fragmento determinado de las mismas, y empalmarlas con las tomas contiguas para dar lugar al montaje final. Estas "piezas", cuya sucesión en continuidad forma la película tal y como será apreciada por el espectador, son las que hemos denominado planos de edición, o más sencillamente, planos.

Valga en este apartado con esta escueta explicación. A lo largo de los capítulos iniciales nos detuvimos ya ampliamente en el análisis de los elementos configuradores del plano —encuadre, angulación, movimientos...—, así como en tipologías y ejemplos. Ahora, nuestro interés se centra en la articulación narrativa de las películas. Y para adentrarnos en este aspecto, lo verdaderamente importante es ante todo poseer un concepto claro y preciso acerca del plano. Sólo de este modo evitaremos confusiones a la hora de referirnos a las unidades narrativas superiores: la escena y la secuencia.

Escena

Podemos definir la escena como un fragmento del relato fílmico que se desarrolla en un único escenario y que carece de sentido dramático completo en sí mismo.

La unidad de espacio —herencia de carácter marcadamente teatral— ha constituido tradicionalmente el elemento distintivo a la hora de delimitar la evolución escénica de la acción narrativa. Ciertamente, la inmensa mayoría de las escenas integrantes de una película cualquiera, suelen responder a este tipo de concepción que podríamos denominar "estática" y que en el fondo, va más allá de lo meramente espacial.

Fig. 7.1. *Casablanca*. Escena.

Baste como ejemplo la despedida final de Ilsa y Rick en *Casablanca*. Todos y cada uno de los elementos en juego tienden a la concreción: la escena comienza cuando ambos se quedan a solas en la pista de aterrizaje y finaliza con la aparición de Laszlo; el diálogo tiene lugar en ausencia total de movimiento físico; la planificación acude únicamente a primeros planos que aíslan todavía más la atención del espectador... Se trata de eliminar cualquier distracción, o lo que es equivalente, de concentrar el interés en el lugar deseado: las palabras de los protagonistas (Fig. 7.1).

No hay que perder de vista, sin embargo, que esta unidad espacial característica suele llevar aparejada, en la inmensa mayoría de los casos, otra no menos importante: la unidad temporal. Hasta tal punto es así que, de hecho, en el ámbito estrictamente cinematográfico resulta mucho más común la ruptura de la unidad de espacio que la de tiempo dentro del marco de la escena.

Aquí tiene su origen la confusión terminológica típica entre escena y secuencia, que nace de aplicar de forma genérica el término secuencia a escenas de tipo "dinámico", marcadas por el movimiento entre distintas localizaciones, como son las peleas, persecuciones, salvamentos... Por su propia naturaleza, este tipo de acciones desafían el estático concep-

Fig. 7.2. *West Side Story*. Escena.

to teatral de la escena, y no pueden ser entendidas como tales a no ser que se profundice en el sentido esencialmente narrativo del término. Nuestro breve desarrollo de los conceptos de escena y secuencia atenderá sobre todo a esta perspectiva —la estructuración narrativa del relato—, como corresponde al planteamiento general del capítulo.

Desde este punto de vista, no es extraño que sea la continuidad temporal la que confiere unidad a escenas que por lo demás transcurren a lo largo de escenarios diversos. Así sucede por ejemplo con la escena inicial de *West Side Story,* en la cual, las los bandas rivales son presentadas a través de un prolongado recorrido por las calles de un barrio de Nueva York, sin que exista otro nexo de unión que el continuo temporal —y musical— en que se desarrolla la acción (Fig. 7.2).

La importancia del elemento temporal en la configuración de las escenas puede ponerse también de manifiesto analizando el efecto inverso: si la continuidad de tiempo puede dotar de unidad a una escena desarrollada en distintos espacios, la aparición de un lapso temporal puede marcar la separación entre dos escenas que transcurren en un mismo escenario e incluso entre idénticos personajes.

Un excelente ejemplo de ello lo constituyen las dos escenas consecutivas de *El crepúsculo de los dioses* que se desarrollan en la mansión de Norma al comienzo de la velada de Nochevieja. En la primera de ellas, Norma y Joe dan comienzo a la peculiar "fiesta" bebiendo champán y bailando para, tras un sutil encadenado que sugiere el paso de unas horas, llegar a la segunda escena, en la que Norma descubre sus sentimientos con respecto a Joe, que inmediatamente abandona el lugar indignado.

El recurso al encadenado como transición explícita —tema del que ya hablamos en el capitulo 4— marca además de forma inequívoca la solución de continuidad entre ambas escenas facilitando la estructuración intuitiva de la acción por parte del espectador (Fig. 7.3).

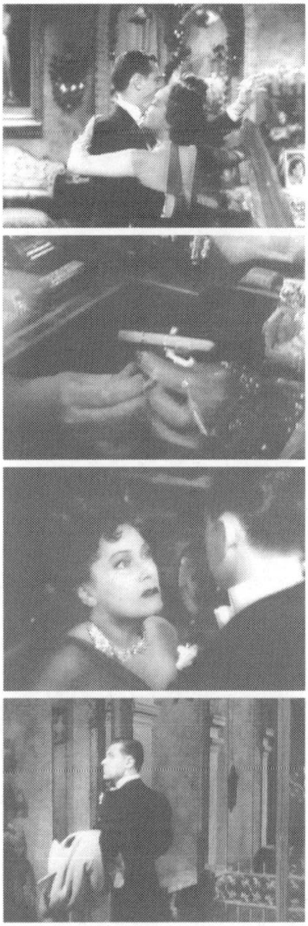

Fig. 7.3. *El crepúsculo de los dioses*. Escenas.

Este mismo ejemplo procedente de *El crepúsculo de los dioses* nos permite abordar también la decisiva cuestión acerca del sentido dramático no completo de la escena como unidad narrativa. En efecto, es fácil percibir que la primera de las dos escenas a que nos venimos refiriendo sólo adquiere verdadera significación dramática en unión con la segunda; está planteada como preludio de un conflicto emocional que se desencadena en la escena siguiente, y que a su vez se resolverá con el intento de suicidio de Norma y el retorno de Joe a la mansión, en una cuarta escena.

En resumen, puede afirmarse que las escenas mencionadas sólo cobran significación precisa en el seno de una sección narrativa de dimensiones más amplias, que englobaría todo el episodio de Nochevieja completo. Este tipo de unidad narrativa sí posee, a diferencia de la escena, un sentido dramático autónomo dentro del relato fílmico global: se trata de la secuencia.

Secuencia

La secuencia es la unidad narrativa fundamental para la articulación del relato cinematográfico. En ella se plantea, desarrolla y concluye un cierto conflicto dramático con entidad autónoma.

En este sentido, se puede decir que una secuencia se caracteriza por poseer significación e independencia narrativa en sí misma. Puede englobar objetos, personajes o acontecimientos diversos, pero formando un todo orgánico que

Fig. 7.4. *West Side Story*. Secuencias.

gira en torno a un centro de interés dramático definido. De hecho, aunque no siempre es fácil delimitar los límites de una secuencia, quizá el modo más intuitivo y eficaz de hacerlo consista en identificar los momentos en que ese foco de atención dramática varía, conduciendo la acción hacia otro ámbito diferente.

Tomemos por ejemplo la secuencia inicial de *West Side Story* en la que se presentan las dos bandas callejeras rivales. Tras la prolongada escena musical a través de las calles de Nueva York, la intervención del teniente Schrank y del oficial Krupke profundiza en el tema del conflicto existente entre ambas bandas. La tercera escena, por su parte, desarrolla diversos aspectos relacionados con el entorno de los Jets: señas de identidad del grupo, presentación de personajes... Sin embargo, con el fin de la canción de los Jets, las dos bandas rivales dejan de constituir el centro de atención temática, pasando éste a recaer sobre dos nuevos personajes fundamentales: Tony y María. En efecto, la secuencia posterior estará dedicada a la presentación de los protagonistas y de algunos otros personajes secundarios, como Anita o Chino (Fig. 7.4).

Por lo que se refiere a la articulación espacio-temporal de la secuencia, la libertad organizativa es en general grande en comparación con la de la escena. Así, desde el punto de vista espacial, por ejemplo, es común que la acción dramática transcurra a lo largo de ámbitos escénicos diversos entre sí. Por supuesto, nada impide con-

Fig. 7.5. *Casablanca*. Secuencia.

servar la unidad de espacio durante una secuencia completa cuando ello resulte conveniente, si bien es cierto que este hecho resulta cuando menos inusual.

En relación con el desarrollo temporal los contrastes son, si cabe, todavía más pronunciados. Frente a la continuidad en tiempo real de las escenas "estándar", la secuencia puede incorporar con absoluta naturalidad omisiones temporales, bien sea de forma explícita, a través de transiciones características como encadenados y fundidos, bien implícitamente, mediante la simple yuxtaposición por corte. Aún así, es conveniente puntualizar que si bien la discontinuidad temporal es algo perfectamente normal en el seno de la secuencia, la unidad dramática propia de este tipo de sección narrativa suele imponer, como veremos, una cierta unidad de tiempo al menos "en sentido amplio".

Con el fin de ilustrar lo dicho hasta aquí, resulta adecuado comparar la secuencia final del aeropuerto en *Casablanca*, con la secuencia ambientada en la noche de fin de año en *El crepúsculo de los dioses*. La primera de ambas, que comienza con la llegada de los protagonistas al aeropuerto y termina al tiempo que la película, posee una continuidad absoluta tanto desde el punto de vista espacial como temporal. En efecto, toda la acción se localiza en un único y reducido espacio escénico junto a la pista de despegue, y transcurre en tiempo real ininterrumpidamente de principio a fin (Fig. 7.5). En contraste, la se-

Fig. 7.6. *El crepúsculo de los dioses*. Secuencia.

gunda secuencia contiene un abrupto salto espacial desde la lujosa mansión de Norma hasta el atestado piso de Artie Green, retorno incluido, todo ello durante la tercera escena. La continuidad de tiempo, por su parte, queda también fragmentada a través de tres omisiones explícitas: un encadenado sugiere el paso de unas horas entre la 1ª y 2ª escena, mientras que los trayectos en coche de ida (entre las escenas 2ª y 3ª) y vuelta (3ª-4ª) son reunidos en unas breves imágenes acompañadas de voz en off. Con todo, no cabe duda de que la articulación temporal de la secuencia conserva un sólido nexo de unidad, basado en el hecho de que ésta se halla completamente enmarcada dentro de la noche de fin de año. A este tipo de agrupación temporal a gran escala nos referíamos antes cuando aludíamos a una "unidad de tiempo en sentido amplio" para la secuencia.

Las dos secuencias comentadas son muy interesantes también desde el punto de vista de las relaciones organización temática-articulación escénica. En *El crepúsculo de los dioses*, por ejemplo, la secuencia comienza girando en torno al conflicto emocional desencadenado entre Norma y Joe. La tercera escena, sin embargo, abandona aparentemente este foco de interés principal para introducirnos en un ambiente —la fiesta en casa de Artie— y una temática —el proyecto de un guión coescrito por Joe y Betty— absolutamente diferentes. En realidad, este breve paréntesis sirve para impulsar definitivamente la que será la trama secundaria principal de la película: el romance entre los dos guionistas. Pero precisamente cuando la conversación entre ambos está en su mejor momento, reaparece el hilo temático original allí donde se creía perdido: una llamada telefónica, regreso a la mansión, escena final en la alcoba de Norma... La secuencia concluye así con absoluta precisión, resolviendo el conflicto planteado en el mismo lugar y con los mismos personajes presentes al comienzo (Fig. 7.6).

Fig. 7.7. *Casablanca*. Secuencia.

La secuencia final de *Casablanca*, por su parte, puede dividirse en cuatro escenas, aunque esta vez su delimitación precisa resulta más ambigua debido a la total continuidad espacio-temporal. El planteamiento temático, por el contrario, es tan sencillo como brillante. Tras la escena introductoria de llegada al aeropuerto, se resuelven sucesivamente y por orden de interés los diferentes conflictos dramáticos abiertos en la película: en primer lugar, la relación entre Ilsa y Rick (escena 2ª); a continuación, esta misma relación en su vertiente asociada a Víctor Laszlo (escena 3ª); y, finalmente, el conflicto policial en relación al mayor Strasser y al capitán Renault (escena 4ª). (Fig. 7.7).

Para terminar, merece la pena llamar la atención sobre el hecho de que la división del discurso narrativo en escenas y secuencias no constituye en modo alguno un esquema normativo. En realidad, abundan los fragmentos fílmicos más o menos amplios que se resisten a ser encorsetados dentro de esta rígida sistematización. Baste como ejemplo la escena en el café de Rick que antecede a la secuencia del aeropuerto. ¿Resultaría descabellado incluirla dentro de la citada secuencia? ¿O debemos más bien considerarla como una escena-secuencia previa e independiente? Lo cierto es que las preguntas de este tipo no siempre poseen una respuesta clara. La conclusión más razonable es que las abstracciones teóricas no pasan de ser herramientas limitadas cara al análisis cinematográfico, y como tales, pierden su utilidad cuando se pretende convertirlas en reglas fijas e infalibles.

ANEXO 1
LAS PELÍCULAS

En este primer anexo, incluimos información técnica y breves reseñas de las siete películas estudiadas en este libro. Somos conscientes de que algunos otros títulos quizá pudieran haber resultado más adecuados a la hora de entresacar el material destinado a construir una guía basada en el lenguaje cinematográfico. Sin embargo, la elección de estas siete películas no ha sido, desde luego, arbitraria; muy al contrario, ha respondido a una decisión meditada. Tres aspectos han resultado decisivos para definir los títulos.

Hemos pretendido, por una parte, abarcar un arco de tiempo considerablemente amplio, de modo que la muestra resultara cuando menos suficiente para ilustrar el desarrollo del cine en el siglo XX. Así, desde la primera película en orden cronológico (*Casablanca*), hasta la última (*L.A. Confidential*), se contemplan más de cincuenta años de cine.

Salvo una excepción, cada película corresponde a un género más o menos delimitado y esencialmente diferente de los demás. De acuerdo con esto, las películas se inscriben en los siguientes apartados: drama (*Casablanca*, *El crepúsculo de los dioses*), terror (*Psicosis*), musical (*West Side Story*), western (*Grupo salvaje*), ciencia ficción (*Blade Runner*) y cine negro (*L.A. Confidential*).

Por último, con el fin de facilitar la lectura, deseábamos que las películas tratadas en el libro fueran suficientemente conocidas por el gran público. Con este fin, y aun a riesgo de pecar de excesivo convencionalismo, se decidió que todas las películas fueran producciones de Hollywood. Sin duda de este modo el lector podría reconocer con mayor facilidad los ejemplos destinados a comprender el lenguaje del cine.

Casablanca

Casablanca

Dirección: Michael Curtiz. **Producción:** Hall B. Wallis. **Guión:** Julius y Philip Epstein, Howard Koch. **Argumento:** la obra de teatro *Everybody Comes to Rick's*. **Intérpretes:** Humphrey Bogart (Rick Blaine), Ingrid Bergman (Ilsa Laszlo), Paul Henreid (Víctor Laszlo), Claude Rains (Capitán Louis Renault), Sydney Greenstreet (Ferrari), Dooley Wilson (Sam), Peter Lorre (Ugarte). **Música:** Max Steiner. **Nacionalidad:** EE.UU. **Año:** 1942. **Duración:** 102 min. **Distribuye VHS y DVD:** Warner.

Estamos en plena Segunda Guerra Mundial. Casablanca pertenece al protectorado francés de Marruecos y es destino natural de la Resistencia, ya que desde esa ciudad se puede volar a Lisboa y de allí a Estados Unidos. El centro de la vida europea de Casablanca es el Rick's Cafe Américain, un bar regentado por un hombre singular llamado Rick Blaine. Hasta ahí llega un importante jefe de la Resistencia, Víctor Laszlo, acompañado de su esposa Ilsa. La llegada de la pareja cambiará la vida de Rick al tiempo que traerá recuerdos inolvidables, ya que años atrás él e Ilsa se enamoraron en París antes de que la ciudad fuera ocupada por los nazis.

Casablanca es una perfecta mezcla de comedia, drama, melodrama y película de acción y romance. Michael Curtiz filmó primorosamente el guión de los hermanos Epstein y de Howard Koch, escrito a partir de una obra teatral titulada "Everybody Comes to Rick's", y el resultado es un ejemplo de perfección en la construcción de ambientes, de diálogos acuchillados que siempre tienen vuelta de hoja, y de estructura milimétrica. Secuencia a secuencia la película gana en intensidad hasta alcanzar el clímax en la mítica escena del aeropuerto. Todo en *Casablanca* funciona. El café Rick's es un hervidero de los caracteres más peculiares de la ciudad. Ahí van a parar jugadores de medio pelo, grandes personalidades, ladronzuelos, nazis y gendarmes y toda una amalgama de los más diversos tipos huidos de la guerra del continente. La atmósfera de *Casablanca* es inigualable, refleja el lugar de la esperanza hacia un mundo mejor, al tiempo que descubre los anhelos y miserias de cada persona. Y es el lugar del reencuentro, del pasado recuperado, de ese tiempo —o tempo—, etéreo y real, donde se detienen los segundos en todos los relojes. En *Casablanca* todo es presente: «As Time Goes By» se convierte en «We´ll Always Have Paris». Es la verdad reconquistada y el comienzo de la libertad.

Pero, por encima de todo, *Casablanca* es Rick Blaine. Un hombre único. Irrepetible. En apariencia se trata de un tipo cínico que arrastra como un sambe-

Brindis de despedida en *La Belle Aurore.*

nito una expresión amarga de andar cansado de la vida —«yo no me juego el cuello por nadie», dice—. Pero tras ese caparazón quitinoso de claudicado existencial, de ególatra en horas bajas, se esconde en el fondo el arquetipo del *homo sentimentalis*, como le dice su buen amigo el capitán Renault, del perpetuo buscador de integridad rendido ante un irrefrenable anhelo de grandeza. Humphrey Bogart ya no sería el mismo tras su interpretación en *Casablanca*. Ni Ingrid Bergman, ni Claude Rains. Ni tampoco el espectador. La película ganó con enorme justicia tres Oscar: los correspondientes a la mejor película, director y guión.

El crepúsculo de los dioses

Sunset Boulevard

Dirección: Billy Wilder. **Producción:** Charles Brackett. **Guión:** Charles Brackett, Billy Wilder. **Intérpretes:** Gloria Swanson (Norma Desmond), William Holden (Joe Gillis), Erich von Stroheim (Max von Mayerling), Nancy Olson (Betty Schaefer). **Música:** Franz Waxman. **Nacionalidad:** EE.UU. **Año:** 1950. **Duración:** 110 min. **Distribuye VHS:** Paramount.

Joe Gillis es un guionista de Hollywood que malvive con trabajos esporádicos. Está sin blanca y debe dinero. Un día, huyendo desesperadamente de sus acreedores, introduce su coche en una finca que parece desierta, con una enorme mansión destartalada y sombría. Es la casa donde vive Norma Desmond, antigua estrella de cine mudo, junto a su inseparable criado Max. El sueño de Norma es volver al cine y ofrece un contrato a Joe para que corrija el guión que ella misma ha escrito con el fin de presentarlo en los estudios Paramount. Debido a su delicada situación económica, Joe acepta y se queda a vivir en la mansión. Pero no tarda mucho en darse cuenta de su error: Norma está desequilibrada, sus delirios de grandeza son desmesurados y su celo por él em-

Descenso final de la diva.

pieza peligrosamente a derivar hacia la obsesión. Todo en aquel lugar es rancio, horriblemente barroco y opresivo, igual que las dos personas que, como fantasmas, habitan en un mundo que se extinguió hace mucho tiempo. Pese a que emprende algunas salidas, en las que traba relación con una joven guionista de la que se enamora, Joe no puede sustraerse de su necesidad de dinero y del cobijo que le ofrece tan espantoso lugar. Y cuando decide que la farsa ha ido demasiado lejos, ya es tarde para él.

El crepúsculo de los dioses es quizá la mejor película sobre el mundo del cine. A través de su protagonista, Billy Wilder retrata el triste y trágico final de muchas estrellas, que se vieron de la noche a la mañana desplazadas por jóvenes talentos que irrumpían con fuerza en el cine sonoro. Arte o industria, he ahí la cuestión. El caso es que los grandes estudios olvidaron para siempre su anterior época dorada y los dioses de antaño fueron reducidos a cenizas (a este respecto, no deja de ser curioso que celebridades del cine mudo como Buster Keaton, H.B. Warner, Erich von Stroheim, Cecil B. De Mille o la propia Swanson, aparezcan en la película). Esta decadencia está magistralmente trasladada a la pantalla gracias a los decorados, a la mansión (símbolo ella misma de la caducidad del éxito) y a una fascinante puesta en escena en blanco y negro. Pero, especialmente, es el portentoso papel de Gloria Swanson el ejemplo viviente de este desequilibrio y la trágica prueba de que la fama puede arrastrar hacia la perdición y la locura.

Desde la secuencia inicial del cadáver inerte en la piscina hasta el inolvidable último plano, con la enajenada protagonista bajando las escaleras de su mansión, *El crepúsculo de los dioses* es merecidamente considerada una obra maestra. Sin embargo, en su día no le faltaron detractores. Cuentan que el famoso productor Louis Mayer, nada más terminar de ver la película le espetó a Wilder: «¡Bastardo, ha arrastrado por el lodo a la industria que lo ha convertido a usted en alguien y que le ha dado de comer». Un «te jodes», fue la única respuesta que recibió del cáustico y genial director austriaco. La película fue nominada para varios Oscar, pero sólo obtuvo la estatuilla al mejor guión.

Psicosis

Psycho

Dirección: Alfred Hitchcock. **Producción:** Alfred Hitchcock. **Guión:** Joseph Stefano. **Argumento:** la novela homónima de Robert Bloch. **Intérpretes:** Anthony Perkins (Norman Bates), Vera Miles (Leila Crane), Janet Leigh (Marion Crane), John Gavin (Sam Loomis), Martin Balsam (detective Milton Arbogast), John McIntire (sheriff Chambers). **Música:** Bernard Herrmann. **Fotografía:** John L. Russell. **Nacionalidad:** EE.UU. **Año:** 1960. **Duración:** 109 min. **Distribuye VHS y DVD:** Universal.

La historia del psicópata asesino de mujeres ha sido copiada hasta la saciedad desde que apareciera en pantalla allá por los años sesenta un tipo joven, larguirucho y bien parecido, con cara de no haber roto un plato en su vida, y que regentaba un motel de carretera perdido en algún lugar entre Phoenix y el norte de California. Se llamaba Norman Bates y tenía el rostro de Anthony Perkins. No en balde, Sir Alfred Hitchcock había rodado un clásico, una de esas películas que son capaces de definir uno de los más personales y subjetivos sentimientos del ser humano: el terror. Jamás se ha filmado algo tan terrorífico como algunas escenas de *Psicosis*, precisamente porque el maestro del suspense compuso con una imaginería inolvidable la idea perfecta del horror que todos llevamos dentro.

Pánico en el sótano.

Una chica atractiva y buena. Una tentación y un robo. Una huida. Un policía al acecho. Un motel desierto. Una casa solitaria. Una ducha. Un brutal asesinato. La búsqueda desesperada de la víctima por parte del novio, de su hermana y de un detective. He aquí los pasos que sigue el director para mostrar su particular suspense, una intriga que va creciendo más y más a medida que la película avanza. Hitchcock demuestra su maestría en la utilización del ritmo narrativo pero, sobre todo, se revela como un auténtico mago a la hora de manejar a su antojo al espectador para dirigirle justo adonde él desea.

La película comienza como una historia de amor, luego parece transformarse en una aventura policiaca. La sorpresa acecha y también el desconcierto. Pero el giro de tuerca, el golpe definitivo, llega cuando —oh maravilla— la protagonista muere asesinada a la media hora de película. Nunca se ha visto cosa igual. ¿Y ahora qué?, quedan dos terceras partes y el terror ha alcanzado su cénit. Al menos eso es lo que parece... El espectador ya no las tiene todas consigo. El robo, cuestión que parecía vital en los primeros compases, desaparece como por arte de magia y el dinero birlado se convierte así en uno de los MacGuffin más extraordinarios e insólitos del cine.

La maestría de Hitchcock es que con unos personajes anodinos, escasos diálogos y un argumento simplísimo crea un tapiz fílmico impecable, hecho de retales que en sí mismos no son nada concluyentes. Las góticas e inquietantes imágenes de la casa, los pájaros disecados, la estridente música de Bernard Herrmann, las estudiadas y audaces angulaciones de cámara y la misteriosa presencia de la madre de Norman se compenetran a la perfección para construir una película verdaderamente redonda.

Estamos ante uno de los títulos más famosos de la historia del cine. Gracias a *Psicosis*, Hitchcock se metió en el bolsillo al público adolescente, siempre ávido de historias truculentas. Con un presupuesto de ochocientos mil dólares, la película llegó a recaudar más de trece millones de dólares en vida del director y constituyó el mayor éxito de su carrera.

El horror no tiene rostro.

Los Jets preparados para luchar.

West Side Story

West Side Story

Dirección: Robert Wise y Jerome Robbins. **Producción:** Robert Wise. **Guión:** Ernest Lehman, Arthur Laurents, Jerome Robbins. **Coreografía:** Jerome Robbins. **Argumento:** adaptación musical de la obra de teatro *Romeo y Julieta*, de William Shakespeare. **Intérpretes:** Natalie Wood (María), Richard Beymer (Tony), George Chakiris (Bernardo), Rita Moreno (Anita), Russ Tamblyn (Riff). **Música:** Leonard Bernstein. **Nacionalidad:** EE.UU. **Año:** 1961. **Duración:** 151 min. **Distribuye VHS y DVD:** Fox.

Cuando se habla de clásicos se habla de obras imperecederas, expresiones artísticas que permanecen eternamente nuevas sea cual sea la época en que se desarrollen. Y eso porque cada ser humano las percibe como parte de su esencia, de ser que ama, odia, desea o sufre, con independencia también de la etapa de la vida en que se encuentre. Un clásico interpela directamente a la conciencia y al corazón del hombre, no se puede eludir, y por eso no envejece. Bien lo sabía ese escritor con fama de vividor llamado William Shakespeare, quizá el hombre que ha plasmado mejor la inmensa galería de arquetipos que componen las pasiones humanas.

El legado del gran autor de Stratford es recogido aquí con inmensa versatilidad por un audaz equipo encabezado por Jerome Robbins, quien se atreve a reconvertir la historia de *Romeo y Julieta* en un musical moderno ambientado en el Nueva York de los años 50. Es la época de las pandillas callejeras, perezosas y bullangueras, libertinas e inconscientes, que campean por las calles del Oeste de Manhattan marcando su territorio a base de peleas clandestinas. Por un lado están los Jets, anglosajones y prepotentes, y por otro los Sharks, puertorriqueños y pendencieros. Entre la beligerancia de ambos grupos se encontrarán Tony y María, enamorados tras conocerse en un baile social. Tony, antiguo jefe de los Jets, ha sentado la cabeza y se gana la vida en un bar; María es hermana de Bernardo, jefe de los Sharks, y acaba de llegar a Nueva York. Su incipiente relación, sin embargo, se complicará trágicamente debido a la rivalidad entre las bandas.

El *shock* emocional y visual que provocó la película en 1961 fue apabullante. Pero la gestación había sido larga. Se remonta a 1949, cuando Jerome Robbins propuso a Leonard Bernstein, por entonces director de la Filarmónica de Nueva York, la adaptación musical de la inmortal obra de Shakespeare. Cuando por fin pudieron ponerse manos a la obra, el argumento inicial de lucha entre judíos y cristianos fue cambiado por el de bandas callejeras, más acorde con los nuevos tiempos.

El guión lo firmó Ernest Lehman y la dirección corrió a cargo de Robert Wise con la inestimable ayuda del propio Robbins en la realización de las rítmicas y vibrantes coreografías. Los ensayos comenzaron en julio de 1957 y al poco tiempo, más de tres años antes de su llegada a la pantalla, la obra se estrenó en los teatros de Broadway, donde fue representada más de 700 veces. Sin embargo, la leyenda de *West Side Story* vino inseparablemente unida a su versión cinematográfica.

La película es un ejemplo de la versatilidad de la gran pantalla. El original comienzo a vista de pájaro y la presentación de las dos bandas son un dechado de audacia y ritmo, la barroca experimentación con los colores, rojo, azul, amarillo, y las inolvidables coreografías en la terraza (excepcional Rita Moreno), el baile de bandas o el duelo de navajas forman parte ya de la memoria del cine. Por no hablar de la encantadora e inocente presencia de Natalie Wood.

Mucho tienen que ver con la fama de la película canciones como *María*, *Tonight*, *America* o *I Feel Pretty*, compuestas por un Leonard Bernstein en estado de gracia. Así lo reconocieron los oyentes, que colocaron la banda sonora en el número uno del top de ventas de Estados Unidos por un espacio de 54 semanas consecutivas. *West Side Story* también logró un éxito de crítica espectacular, hasta el punto de cosechar nada menos que 10 Oscar, entre ellos los correspondientes a la mejor película, dirección y actores de reparto (George Chakiris y Rita Moreno).

Grupo salvaje

The Wild Bunch

Dirección: Sam Peckinpah. **Producción:** Phil Feldman. **Guión:** Walon Green y Sam Peckinpah. **Argumento:** Walon Green y Roy N. Sickner. **Intérpretes:** William Holden (Pike Bishop), Ernest Borgnine (Dutch Engstrom), Robert Ryan (Deke Thornton), Edmond O'Brien (Sykes), Warren Oates (Lyle Gorch), Ben Johnson (Tector Gorch), Jaime Sánchez (Ángel). **Música:** Jerry Fielding. **Nacionalidad:** EE.UU. **Año:** 1969. **Duración:** 151 min. **Distribuye VHS:** Warner.

En los últimos días del viejo Oeste, la banda de Pike Bishop se halla a punto de dar el que debe ser su golpe final. Lentamente, con fría parsimonia, los jinetes disfrazados de soldados se aproximan al banco donde se guarda el botín. Al borde del camino, unos niños disfrutan contemplando cómo unas hormigas matan un escorpión. La escalofriante visión no tarda en adquirir resonancias trágicas: la banda cae en una emboscada tendida por el equipo de cazarrecompensas que comanda un antiguo miembro del grupo, Deke Thornton, y el enfrentamiento termina en masacre. Para los cinco hombres que consiguen escapar con vida, el que había de ser su último golpe se convertirá en el inicio de una senda sin posible vuelta atrás.

En *Grupo salvaje*, los días del dorado Far West hace tiempo que han concluido. El progreso ha terminado por arrinconar un mundo marcado por la violencia y la aventura, un estilo de vida que el cine americano se había complacido en mitificar desde sus mismos orígenes, y que aquí aparece sumido ya en irremisible decadencia. Porque el Oeste de *Grupo salvaje* ya no es dorado, sino crepuscular. Es un paisaje cargado de atardeceres, a través del cual huyen —o vagan— unos personajes cuyo tiempo ha pasado. No en vano, casi toda la película transcurre en tierras mejicanas, lejos del país del que proceden los protagonistas, en un lugar que tampoco es el suyo. A lo largo de este exilio forzado, todos los componentes de la banda recapitularán sobre su vida y su destino. Por eso, *Grupo salvaje* es ante todo una reflexión sobre la búsqueda del sentido y de la propia identidad. En ella, todos los temas recurrentes en Peckinpah alcan-

Se acabó el juego.

zan un dramatismo sobrecogedor: la fidelidad y la traición a la amistad, la independencia y el desarraigo, la épica de los perdedores, y sobre todo, la búsqueda de la inocencia perdida, porque como le dice el viejo Don José a Pike Bishop: «Todos los hombres anhelan volver a ser niños, y seguramente los peores son los que más».

Estilísticamente, *Grupo salvaje* revolucionó las señas de identidad del western y consagró a Sam Peckinpah como realizador de culto. El barroquismo convulso de las secuencias de acción —muertes a cámara lenta, montaje fragmentario...— confería a la violencia un carácter casi ritual, desconocido hasta la fecha e imitado hasta la saciedad a partir de entonces. La película, sin embargo, fue maltratada caprichosamente por parte de la industria, siendo mutilada en múltiples escenas de cara a su exhibición comercial formando parte de programas dobles. El propio Peckinpah terminaría marginándose paulatinamente dentro de un sistema en el que encontraba cada vez más dificultades para producir sus cantos fúnebres al ocaso de un universo de leyenda. Consciente de haber nacido demasiado tarde, él mismo era quien solía proclamarlo: «Si al menos el mundo pudiera ser como nos lo habían pintado en nuestra infancia...».

Blade Runner

Blade Runner

Director: Ridley Scott. **Producción:** Michael Deeley. **Guión:** Hampton Fancher y David Peoples. **Argumento:** Philip K. Dick (su novela *¿Sueñan los androides con ovejas eléctricas?*). **Intérpretes:** Harrison Ford (Rick Deckard), Rutger Hauer (Roy Batty), Sean Young (Rachael), Daryl Hannah (Pris), Brion James (Leon), Joanna Cassidy (Zhora), Edward James Olmos (Gaff), Joseph Turkel (Dr. Tyrell), William Sanderson (J.F. Sebastian). **Fotografía:** Jordan Cronenweth. **Futurista visual:** Syd Mead. **Música:** Vangelis. **Nacionalidad:** EE.UU. **Año:** 1982. **Montaje del director:** 1992. **Duración:** 115 min. **Distribuye VHS y DVD:** Warner.

Los Angeles. Noviembre, 2019. Las compañías de biotecnología han logrado diseñar hombres genéticamente, seres artificiales llamados replicantes que trabajan como esclavos en las colonias del espacio exterior. El último modelo diseñado por la compañía Tyrell Corporation es «virtualmente idéntico al hombre». Nada le diferencia de sus creadores, salvo la falta de emociones ante

Deckard tiene trabajo que hacer...

estímulos externos. Tras protagonizar una rebelión en el espacio, los replicantes han sido condenados en la Tierra bajo pena de muerte. Cuatro de ellos viajan hasta ella en busca de su creador. Necesitan más tiempo de vida, ya que su duración es tan sólo de cuatro años. Rick Deckard, antiguo policía y ex Blade Runner (unidades encargadas de matar a los replicantes), recibe el encargo de eliminar a los fugitivos. Uno a uno los replicantes irán cayendo a manos del Blade Runner, que por su parte se enamora de Rachael, una hermosa mujer que es el último experimento de la compañía Tyrell y que también es replicante.

En el año de su producción, 1982, *Blade Runner* fue una bocanada de aire para el cine de ciencia ficción. Introdujo una nueva concepción del cine futurista, una visión muy alejada de la asepsia y el minimalismo de otras películas del género que buscaban la creación de un universo distinto. Hasta entonces, se recurría a elementos extraños, decorados oníricos o acartonados y personajes irreales o inquietantes. En otras palabras, la fantasía se situaba por encima de la realidad. Películas como *La guerra de las galaxias* o *Alien* comenzaron a dar un giro en este sentido, y la culminación llegó con *Blade Runner*, que fue pronto elevada a la categoría de film de culto. Su diseño aún asombra: esas calles de Los Angeles siempre lluviosas, los días perpetuamente sin sol y las grandes masas de personas que se pasean por una urbe que, paradójicamente, es el espejo de un mundo deshumanizado. Dialectos en idiomas eclécticos y anuncios luminosos ofrecen un contraste visual enorme que deja al espectador sumido en una especie de letargo desasosegante.

Pero, junto a ello, y por encima de su estilo de cine negro, *Blade Runner* tocaba un tema tan universal como la muerte, algo que ha interpelado perpetuamente al ser humano de todas las épocas. Las eternas preguntas sobre el hombre, su destino y su identidad, se encarnan aquí en los replicantes, seres artificiales, pero cuya riqueza humana supera a la de sus creadores. Los miedos del hombre y sus últimos interrogantes se ven reflejados con pureza sin igual en la vida de los replicantes. El hombre juega a ser Dios, sólo que esta vez el hombre no es Dios y sus creaciones sí pueden destruirle. La enorme fuerza de la película está en la humanidad con la que Scott dota a los replicantes: sus ansias de eternidad son las ansias humanas, ni más ni menos, y bastan para mostrarlo las últimas palabras pronunciadas por Roy Batty, impresionante caracterización del actor Rutger Hauer. Fiel a su estilo, Ridley Scott nos sume en una oscuridad que al final se transforma en refulgente belleza. No hay héroes, sólo hombres. O quizá sólo replicantes.

L.A. Confidential

L.A. Confidential

Dirección: Curtis Hanson. **Producción:** Curtis Hanson, Arnold Milchan, Michael G. Nathanson. **Guión:** Brian Helgeland, Curtis Hanson. **Argumento:** la novela homónima de James Ellroy. **Intérpretes:** Guy Pearce (Ed Exley), Russell Crowe (Bud White), Kevin Spacey (Jack Vincennes), Kim Basinger (Lynn Bracken), Danny DeVito (Sid Hudgeons), James Cromwell (Dudley Smith), David Strathhairn (Pierce Patchett). **Música:** Jerry Goldsmith. **Nacionalidad:** EE.UU. **Año:** 1997. **Duración:** 138 min. **Distribuye VHS y DVD:** Warner.

En los años 50 el departamento de policía de Los Angeles pasa por ser uno de los más prestigiosos. Son expeditivos y consiguen la información que necesitan a veces por métodos no del todo ortodoxos. Pero un asesinato múltiple cometido en una cafetería pondrá sobre una peligrosa pista a tres policías, tan distintos como eficientes. Ed Exley es un novato idealista que acaba de ser ascendido a teniente y lleva a gala ser un tipo pulcro respecto a cómo deben tratarse los asuntos sucios: nada de sobornos, malos tratos o chanchullos policiales. Es listo, pero conoce poco el negocio y su concepto de la policía, por tanto, se aleja de la realidad. Bud White, en cambio, es la mano fuerte del capitán Dudley Smith. Irascible y brutal a menudo, consigue lo que se propone al precio que sea. Sus intenciones son buenas, sus métodos no. El tercero en discordia es Jack Vincennes, un detective inteligente y caradura que consigue arrestos importantes y dinero extra gracias a su relación con Sid Hudgeons, el editor de un tabloide sensacionalista que vive de los escándalos. Las investigaciones de los tres policías les llevan hasta Patchett, un playboy adinerado gracias a un negocio de alta pros-

Negarse a colaborar tiene sus peligros.

titución donde, entre otras chicas, trabaja Lynn Bracken, una hermosa mujer de la cual se enamora el detective Bud White.

L.A. Confidential es la radiografía de un mundo podrido, pero cuya hedionda realidad se esconde detrás del lujo, la prosperidad y la vanidad. Estamos en Hollywood, un lugar de máscaras y dobles verdades. Una gruesa capa de cinismo engloba todos los estamentos sociales, que se alimentan unos a otros de la mentira y el soborno. El guión de la película es un intrincado *collage* de las actuaciones y los móviles de los tres policías, hilos narrativos que acaban entrecruzándose con naturalidad hiperrealista. Los caracteres de los personajes están claramente dibujados y la visión que se ofrece de ellos está en las antípodas del maniqueísmo. Todos luchan por sí mismos, son héroes a su modo, pero igualmente muestran su debilidad a cada paso. Porque salir de la podredumbre no es fácil y uno puede enfangarse en más porquería de la deseada. Pero cuando eso sucede es cuando la integridad escondida en lo recóndito de la conciencia tiene una oportunidad de salir a la superficie. Es el caso del detective Vincennes cuando Exley le pide su colaboración.

El endiablado ritmo de la película, muy acorde con la riqueza de un guión sin desperdicio, se encarga de contar la historia con episodios más o menos breves, desgajados de una estructura que parece no existir. El espectador puede perderse a las primeras de cambio, pero al final cada pieza acaba por estar conectada con las otras, como en un puzzle cuyo significado sólo se revela al ser enteramente completado. Las interpretaciones son justas y medidas, y buen ejemplo de ello es el fantástico trabajo de una Kim Basinger sorprendentemente eficaz a la hora de encarnar a Lynn Bracken, un papel que fue premiado con el Oscar a la mejor actriz de reparto.

ANEXO 2
ESTILOS CINEMATOGRÁFICOS

No se trata de analizar aquí todos los estilos o corrientes cinematográficas. Sería una tarea imposible, sencillamente porque cada cineasta filma sus obras como quiere y muchas veces su concepción del cine no queda englobada en ningún estilo definido, concreto o clasificable.

Sin embargo, es incuestionable que en los más de cien años de la historia del cine han surgido corrientes y modos diversos de concebir el arte de la imagen. Es cierto que los llamados estilos cinematográficos son sólo los nombres con que los estudiosos han pretendido encerrar el universo personal de algunos directores que han compartido una determinada época, una formación y unos medios. Pero también es verdad que estas clasificaciones han llegado a formar parte esencial del cine y de su historia, y que su referencia nos ayuda a contemplar las imágenes con nuevas perspectivas y puntos de apoyo.

Aquí daremos una breve explicación de los estilos más célebres y definidos, que son por otra parte los que han adquirido mayor proyección en el cine posterior. En síntesis, se trata de hacer un recorrido cronológico por las distintas corrientes que fueron surgiendo a lo largo de la historia del cine. De entre ellas, dedicamos una mayor atención a las que por el momento histórico y su relevancia universal aún siguen teniendo importancia capital en nuestros días, tales como el neorrealismo y la *nouvelle vague.* Acompañamos cada explicación con una lista de cinco películas significativas.

Expresionismo

La corriente expresionista en el cine no cambia un ápice respecto a la que invadió las demás artes de la imagen a comienzos de siglo XX. En el año 1905, los jóvenes pintores Erich Heckel, Ernst Kirchner y Schmidt-Rottluff fundaron el grupo *Die Brücke* (el puente), con el que dieron un giro al arte plástico practicado hasta entonces. Sus colores saturados, sus formas afiladas y grotescas buscaban expresar la emoción interna de la imagen del modo más impactante posible y afectar así directamente a los sentimientos de los observadores.

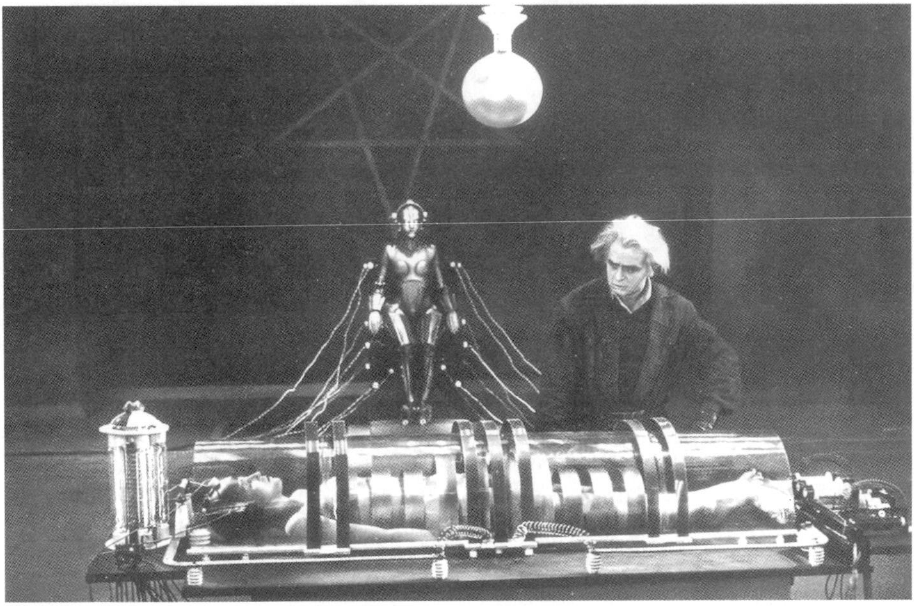

Metrópolis (1926), de Fritz Lang.

En el cine, el expresionismo se daría a conocer muchos años más tarde, en 1919, con la aparición de la película *El gabinete del Dr. Caligari*, de Robert Wiene. El fundamento del expresionismo es dotar a la imagen del estado anímico de sus personajes, de este modo la realidad se tergiversa y adopta únicamente las formas chirriantes nacidas del interior de la persona. No pretende ser una expresión del alma, sino el alma en sí misma, su esencia es mostrar cómo la realidad es vista desde el interior de un personaje concreto. El naturalismo desaparece completamente y la imagen nace del interior del ser humano.

Los escenarios del expresionismo nunca copian la realidad y a menudo se componen de perspectivas y modelos imposibles, de gran efecto simbólico y sumamente inquietantes. La luz y la sombra chocan produciendo contrastes violentos, los cuales, junto con las posturas de los personajes, a veces muy teatrales, y los escorzos del escenario, producen en pantalla una enorme sensación de irrealidad. En el expresionismo cinematográfico los hechos no son nada y la forma lo es todo: sólo existe el estado anímico de la persona.

En años posteriores, algunos grandes directores, como Orson Welles, heredarían ciertas visiones del expresionismo gracias a sus llamativas y famosas angulaciones de cámara.

Películas:
El gabinete del Dr. Caligari (1919), de Robert Wiene.
El Golem (1920), de Paul Wegener y Carl Boese.
Nosferatu (1922), de F.W. Murnau.
Metrópolis (1926), de Fritz Lang.
Fausto (1926), de F.W. Murnau.

Surrealismo

De modo similar al movimiento expresionista, el surrealismo desembocó en el cine de la mano de las demás artes allá por los años veinte. En 1929, el director aragonés Luis Buñuel se dio a conocer en Francia con el cortometraje *Un perro andaluz*, obra concebida en colaboración con Salvador Dalí, el genial pintor de Figueras. El impacto de esta película fue tremendo y se convirtió en la obra cumbre del surrealismo. Buñuel rompía en ella con los valores tradicionales del cine y la sociedad, tanto narrativos y expresivos, como conceptuales.

La película tuvo un éxito espectacular y el cine francés apoyó a Buñuel con su siguiente película, *La edad de oro*, también coescrita con el pintor catalán. Una vez más Buñuel rompía definitivamente los moldes que configuraban los límites entre el cine y la realidad visible. El subconsciente y los sueños se erigían en protagonistas y se daba rienda suelta a la imaginería onírica del cineasta, que con toda impunidad podía mostrar imágenes de todo tipo, tan inverosímiles como repugnantes. De hecho, el surrealismo iba contra todo orden establecido y arremetía contra cualquier directriz ética y moral.

El surrealismo podía provocar un rechazo manifiesto en el espectador gracias a su libertinaje total. No había límites para la creación: todo podía entrar a formar parte en la narración de modo salvaje y sin norma a la

Un perro andaluz (1929), de Luis Buñuel.

Jean Renoir.

que sujetarse. Las visiones mentales se sucedían una tras otra sin hilo narrativo. Es más, nada de lo mostrado en pantalla tenía significado ni encerraba simbología alguna. Ése era el modo en que se rebelaba ante una sociedad en crisis, y el modo de despertar al espectador de su modorra era la provocación y el escándalo.

Películas:
La coquille et le clergyman (1927), de G. Dullac.
L'Étoile de mer (1928), de Man Ray.
Un perro andaluz (1929), de Luis Buñuel.
La Sang d'un poète (1930), de Jean Cocteau.
La edad de oro (1930), de Luis Buñuel.

Naturalismo

Se entiende por naturalismo, llamado otras veces "realismo poético", al enfoque cinematográfico de ciertas películas surgidas en Francia como alternativa a la época dorada de Hollywood, comprendida sobre todo entre las décadas 30 y 40. El realismo poético vuelve la mirada al hombre de su tiempo y le coloca en medio de una sociedad que no puede dominar. Se narran historias llenas de humanidad, nostalgia y emoción, en las que prevalece la presencia de una inusitada ansia de felicidad por parte del hombre.

La prodigiosa obra de cineastas como René Clair, Jean Renoir o Marcel Carné, plasma por primera vez la vida íntima de los hombres del continente en su ambiente social, con un tenue pesimismo. Sus líricas imágenes y el tratamiento indulgente y sencillo de las problemáticas sociales y personales, de una renovada belleza y sensibilidad, hacen pensar en el nacimiento de un nuevo romanticismo, esta vez más próximo a la vida real del hombre de su tiempo.

Desde Jacques Feyder hasta Marcel Carné, este movimiento, que en sí mismo no tiene demasiadas pautas definidas, supuso sin embargo un nuevo enfoque hacia el hombre mismo y sentó las bases para la aparición de las nuevas corrientes que surgirían en Europa en años posteriores, tales como el neorrealismo y la *nouvelle vague.*

Películas:
Bajo los techos de París (1930), de René Clair.
Cero en conducta (1933), de Jean Vigo.
La kermesse heroica (1935), de Jacques Feyder.
La gran ilusión (1937), de Jean Renoir.
Los niños del paraíso (1945), de Marcel Carné.

Neorrealismo

Después de los estragos de la II Guerra Mundial, Italia se encontraba sumida en una devastadora pobreza. El fascismo quedaba atrás y la sociedad, ahora desajustada, debía partir de cero para recomponerse. Ya en pleno fascismo algunos jóvenes cineastas habían exigido la creación de películas que mostraran la verdadera realidad social, pero el cine que imperaba a comienzo de los años cuarenta era tímido, y las temáticas llevadas a la pantalla escapaban del momento presente y se refugiaban en cierto manierismo huidizo. Pero entonces llegó la película *Ossessione* (1942), ahora considerada el trampolín hacia el neorrealismo. El director era Luchino Visconti, duque de Modrone, que había trabajado de ayudante en algunas películas de Jean Renoir. Bajo la influencia del gran cineasta francés, Visconti abogaba por un cine de perspectiva más humana, que tratara a fondo del hombre de la calle, algo completamente alejado de los estereotipos de la visión oficial entonces imperante en Italia.

Ossessione era una adaptación libre de la novela negra de James M. Cain *El cartero siempre llama dos veces*. Sin embargo, Visconti, más allá de los recovecos de la trama argumental, hacía un recorrido muy realista de escenarios y ambientes naturales que re-

Ladrón de bicicletas (1948), de Vittorio de Sica.

trataban el modo de vida de toda una sociedad. En seguida la película reunió en torno a sí a un buen número de adeptos.

Esa mirada realista de la sociedad italiana de entonces, cuajó de modo formidable en otra película estrenada tres años después y que finalmente sería clasificada como el icono más característico del neorrealismo. Se trata de *Roma, ciudad abierta* (1945), de Roberto Rossellini, director que antes había rodado algunas películas —*La nave blanca, Un piloto regresa*— de corte claramente documental. La nueva película de Rossellini, sin embargo, era de una potencia expresiva fuera de lo común, a la vez que resultaba sobrecogedora y humana a partes iguales. La denuncia de lo ocurrido durante los últimos coletazos del nazismo en Italia era abordada con una valentía y una decisión asombrosas. Había sido rodada con una economía de medios admirable, sin guión completo y con un reparto compuesto en su mayoría por actores no profesionales.

Al año siguiente, Rossellini volvía por sus fueros y daba vida a una nueva obra maestra, *Paisà* (1946), un conjunto de episodios sobre la presencia de las tropas aliadas en varias ciudades italianas. Rossellini lograba que la película resultara de tal modo verosímil que parecía un documental de época sobre la vida de un grupo de personas bajo la miseria de la guerra. Esa misma visión, crudamente retratada, estaría presente también en *Alemania año cero* (1948), donde la indigencia moral adquiría tintes dramáticos.

Ese mismo año un nuevo creador entra en escena. Se llama Vittorio de Sica. Su alianza con el extraordinario guionista Cessare Zavattini dio lugar a un buen puñado de obras míticas, entre las cuales sobresalen *Ladrón de bicicletas* (1948) y *Umberto D* (1951), verdaderos hitos del neorrealismo. De Sica, como Rossellini, centró la mirada en sus personajes, seres sufrientes —obreros, jubilados— que malviven en una sociedad tristemente lejana, demasiado preocupada en los avatares de su propio progreso. En palabras de Zavattini: «Cuando alguien, sea el público, el Estado o la Iglesia, dice "basta de pobreza, basta de películas que reflejen la pobreza", comete un delito moral. Es que se niega a comprender, a enterarse. Y al no querer enterarse, conscientemente o no, se sustrae a la realidad».

En lo referente a la estética, el neorrealismo posee unas líneas bastante definidas. Se trata de mostrar la realidad de modo que lo que se obtenga no parezca una película, sino un fiel reflejo del hombre y la sociedad. Se rueda en ambientes naturales, sin platós ni decorados preparados, muchas veces con actores no profesionales, con iluminación natural, ausencia de diálogos discursivos o artificiales, y carencia de efectos técnicos. Nada en el neorrealismo es ampuloso o conscientemente efectista. Da la sensación de que es la vida misma la que tiene lugar en la pantalla, no hay artificios: nada, ni siquiera una mirada o un gesto cualquiera parece haber necesitado de un calzador que haga posible su entrada en la película. Porque aquí cabe todo. «Cuando he mostrado lo esencial, corto: ya es suficiente», decía Rossellini.

Y lo esencial del neorrealismo es la mirada del director hacia el hombre. Tras la degradación humana presenciada en la guerra, el neorrealismo vertió toda su fuerza en la grandeza del hombre, en su riqueza intrínseca. No centró sus ataques furiosos en él, sino que lo recompuso con una mirada entrañable ante su pobre situación. Efectivamente, en el neorrealismo se refleja la sociedad sólo a través del individuo único —del padre, del obrero, del niño, del jubilado—, que sufre y vive a duras penas entre su propia miseria. Se trata, pues, de una mirada esperanzada, optimista, de una toma de partido a favor del hombre, lo que, en definitiva, es confianza en la condición humana. Ésa es la mirada del neorrealismo, una «postura moral», como dijo Rossellini.

Películas:
Ossessione (1942), de Luchino Visconti.
Roma, ciudad abierta (1945), de Roberto Rossellini.
Alemania año cero (1948), de Roberto Rossellini.
Ladrón de bicicletas (1948), de Vittorio de Sica.
Umberto D (1951), de Vittorio de Sica.

Nouvelle vague

Hablar de la *nouvelle vague* es hablar de François Truffaut. En 1954, el director francés publicó un artículo titulado "Una cierta tendencia del cine francés". En él sentaba las bases de lo que sería una de las corrientes cinematográficas más importantes de la historia del cine. Años atrás un grupo de jóvenes críticos reunidos en torno al famoso teórico del cine André Bazin, comenzó a colaborar en la revista *Cahiers du Cinema*, reconversión de *Le Revue du Cinema*, fundada por Bazin y Jacques Doniol Valcroze en 1947.

El equipo de *Cahiers*, compuesto, entre otros, por Truffaut, Claude Chabrol, Eric Rohmer, Jean Luc Godard o Jacques Rivette, elaboró a lo largo de los años

una crítica constructiva de las tendencias cinematográficas del momento. Para ellos el cine comercial estaba minando la esencia del arte cinematográfico, relegando a los verdaderos autores de las películas a un segundo plano. Los temas baladíes y las adaptaciones literarias se estaban llevando la palma por encima de la creación original del autor. El cine necesitaba nuevas temáticas de estilo personal, más auténtico, como único modo de expresión para llegar a las mentes y a los corazones. Con profundas reminiscencias del movimiento romántico del XIX, los *cahiers* abogaban por el nacimiento de una "nueva ola" que aportara autenticidad a la temática y a la narrativa del lenguaje cinematográfico. El director de cine debía alcanzar así una importancia capital en su película, no como un mero técnico más encargado de coordinar los diferentes trabajos de cuantos participaban en el proyecto, sino como verdadero autor del conjunto final.

Dio comienzo así la llamada teoría del cine de autor, verdadera concreción de la *nouvelle vague*. Una película era ante todo creación personal del director y nada podía quedar fuera de su capacidad creativa. Sus películas debían ser parte de su vida, de sus pensamientos, sus sentimientos, miedos y preocupaciones. Su particular visión del mundo debía ser en realidad la verdadera esencia de lo que se mostraba en pantalla. De este modo, las películas no podían tener, en último término, una identidad distinta de su creador. El director lo era todo. En este sentido, hay que recordar que la cuestión del "autorismo" de las películas ha suscitado encendidas polémicas, al tiempo que ha significado la revalorización de directores como Alfred Hitchcock o Howard Hawks, grandes maestros que siempre fueron defendidos con tenacidad por los *cahiers*.

La *nouvelle vague* defendía la simplicidad técnica. No se debían utilizar medios desproporcionados para contar una historia. Esto, por una parte, favorecía una mayor libertad narrativa y, por otra, defendía rodajes con mayor presencia de escenarios naturales. La luz, el sonido y la música tenían que proceder de la misma historia narrada, es decir, su captación por la cámara debía tener lugar en el instante mismo del rodaje y en ningún caso estos elementos podían ser añadidos artificialmente una vez montada la película.

En 1959 los críticos de *cahiers* se ponen detrás de la cámara. François Truffaut estrenó *Los cuatrocientos golpes*, auténtico manifiesto de la *nouvelle vague*. La

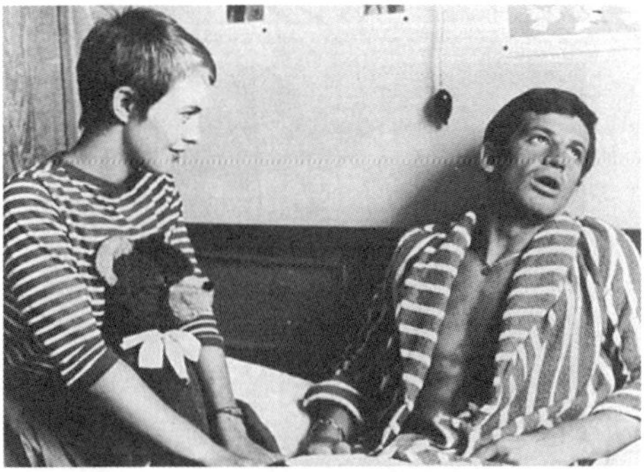
Al final de la escapada (1960), de Jean Luc Godard.

película dedicada a su maestro y amigo André Bazin, obtuvo el premio al mejor director en el Festival de Cannes. En ella, Truffaut narraba el comienzo de las aventuras de Antoine Doinel, convertido en el *alter ego* del director. Más tarde completaría la vida de su personaje clave en otras películas interpretadas por el actor Jean-Pierre Léaud.

Posteriormente, Jean Luc Godard dirigiría *Al final de la escapada* (1960). La historia, con guión del propio Godard a partir de una idea de Truffaut, dio lugar a otra película modélica del nuevo movimiento. En años posteriores, una larga lista de directores se sumaron a la nueva tendencia y el cine profundamente personal fue ganando enteros ante críticos y espectadores. Alan Resnais, Jean Rouch, Claude Chabrol, Eric Rohmer y el mismo Truffaut fueron la vanguardia. Y aunque, pasado el tiempo, muchos de ellos se distanciaron poco a poco de algunos presupuestos de la *nouvelle vague*, sobre todo técnicos, sus películas siempre tuvieron y siguen teniendo ese sello profundamente íntimo heredero de la "nueva ola". En este sentido, resulta especialmente significativo un autor como Eric Rohmer, cuya personalísima visión del cine sigue aportando la fuerza y la autenticidad que un día fuera liderada y proclamada por los críticos de *Cahiers du Cinema*.

Películas:
Los cuatrocientos golpes (1959), de François Truffaut.
Al final de la escapada (1960), de Jean Luc Godard.
Jules et Jim (1961), de François Truffaut.
El año pasado en Marienbad (1961), de Alain Resnais.
Mi noche con Maud (1969), de Eric Rohmer.

Free Cinema

A comienzos de la década de los 50, más o menos por la misma época en que se perfilaban en Francia los presupuestos de la *nouvelle vague*, una nueva tendencia nacía en Inglaterra. Con ideas parecidas a las esgrimidas por Truffaut y compañía, esta nueva corriente también renegaba del cine comercial que, ve-

nido principalmente de Hollywood, se estaba adueñando de la industria europea y amenazaba con ahogar las intenciones creativas de algunos cineastas.

Cansados del ambiente burgués retratado en el cine a menudo superficial y artificioso proveniente de América, el *free cinema*, también llamado realismo social británico, defendió la toma de conciencia de la problemática social de la clase obrera —sin duda en mayor concordancia con el "hoy y ahora" del hombre de aquella época—, y junto a ello introducía el sentimiento de soledad del individuo frente la vorágine social. Definido por Lindsay Anderson y Karel Reisz como "independiente, personal y poético", el *free cinema* era principalmente contestatario y contaba historias acerca de los desfavorecidos con estilo muchas veces documentalista y experimental, donde el contenido prevalecía en detrimento del acabado formal. Bien es verdad que, en su afán por captar fielmente esa realidad escondida de la sociedad, el *free cinema* pecó en ocasiones de una visión reduccionista del ser humano, cuya existencia se mostraba teñida de pesimismo.

Nacido y aupado por un determinado momento histórico, este tipo de cine social fue liderado principalmente por directores como Lindsay Anderson, Karel Reisz, Tony Richardson o John Schlesinger. Hoy día, aunque la visión social ha cambiado considerablemente, la impronta del *free cinema* sigue estando presente en la obra de algunos grandes directores que, alejados de las modas actuales, aún expresan con enorme convicción su personal enfoque de las problemáticas sociales de las clases menos acomodadas. Nos referimos a cineastas como Mike Leigh, Ken Loach o Stephen Frears.

Películas:
Sábado noche, domingo mañana (1960), de Karel Reisz.
La soledad del corredor de fondo (1962), de Tony Richardson.
Tom Jones (1963), de Tony Richardson.
El ingenuo salvaje (1963), de Lindsay Anderson.
If (1968), de Lindsay Anderson.

Nuevo cine alemán

Como la *nouvelle vague* en Francia y el *free cinema* en Inglaterra, el denominado nuevo cine alemán surgió principalmente como alternativa al cine comer-

cial americano y su influencia en Europa, y de acuerdo con la apertura mental que iba dominando las costumbres sociales y que ya presagiaba la revolución del 68.

El nuevo cine alemán nació a partir del manifiesto del Festival de Oberhausen en 1962 y se desarrolló sobre todo a partir de la década de los setenta. En él se reclamaba un cine de mayor frescura, que dejara atrás la problemática social de la posguerra y se adecuara a los nuevos tiempos. Sus adalides fueron Volker Schlöndorff y Alexander Kluge, quien dirigió en 1968 *Artistas de circo bajo la lona: perplejos*. Pero la mayoría de edad del movimiento no llegó hasta la contribución fílmica de otros tres cineastas: Werner Herzog, Rainer W. Fassbinder y Wim Wenders. Y, de entre esos principales valedores, fue Fassbinder quien gozó de un singular prestigio debido a sus narraciones crudas y despiadadas, que mostraban el ambiente *underground* de la Alemania contemporánea. Que más tarde su fama se convirtiera en mito habría que achacarlo a su prematura muerte en 1982, tras haber vivido en contacto estrecho con el alcohol y las drogas.

Con frecuencia extravagantes y dotados de una gran personalidad, estos autores renovaron el panorama cinematográfico de Alemania imprimiendo a sus películas imágenes de gran fuerza visual, a menudo como expresión de historias de fuerte calado que son narradas de modo sobrio y directo. Como buen producto venido de tierras germanas, con el paso de los años el nuevo cine alemán ha dado lugar a películas sesudas y conceptuales, lo cual, por otra parte, es compatible frecuentemente con una visión conmovedora y sugerente de la existencia del ser humano.

Películas:
Las amargas lágrimas de Petra von Kant (1972), de Rainer W. Fassbinder.
Aguirre, la cólera de Dios (1973), de Werner Herzog.
En el curso del tiempo (1975), de Wim Wenders.
El tambor de hojalata (1979), de Volker Schlöndorff.
París, Texas (1984), de Wim Wenders.

Dogma 95

En el año 1995 el danés Lars von Trier hizo público, junto con otros directores como Thomas Vinterberg o Sören Kragh-Jacobsen, un documento que sentaba las bases del movimiento Dogma 95. En él mostraban su disconformidad con las temáticas tratadas en el cine actual y, sobre todo, con el uso de la técnica en el rodaje. Con el fin de encontrar la "verdad profunda", este grupo de directores prometían seguir unas normas estrictas que estaban en las antípodas del cine realizado hasta entonces.

Sin lugar a dudas se trata de uno de los movimientos más originales y, por qué no decirlo, raros, que han surgido en el cine. La esencia de Dogma 95 es contraria a la que define la teoría de autor de la *nouvelle vague*. Aquí, la visión personal del artista —e incluso él mismo— ha de desaparecer con el fin de mostrar sin aditamentos la realidad desnuda, lo cual tiene que afectar tanto a la película como al rodaje de la misma.

En el singular decálogo de Dogma 95, denominado no sin cierta prepotencia "voto de castidad", los autores concretan una serie de puntos que definen el modo de llevar a cabo una película según sus convicciones, tanto en la forma como en el contenido. Entre los presupuestos, se cuentan algunos realmente irrisorios (como, por ejemplo, el que no puedan aparecer armas ni crímenes en la historia o que no se acepten películas de género), junto con otros atractivos aunque realmente arriesgados. Principalmente, una película hecha según el Dogma 95, ha de ser rodada en el lugar de la acción, siendo éste tal y como es en realidad; no se podrán por tanto añadir objetos o modificar el escenario. El sonido ha de ser el que exista en el *set* a la hora del rodaje: nada debe ser añadido. Se rodará siempre con cámara en mano. Se prohíben los efectos ópticos y también los filtros de cualquier clase. La película, igual que la realidad, tiene que ser en color y la alineación temporal o espacial de las imágenes está prohibida (sólo existe el aquí y el ahora). El formato de la película será de 35 mm y el director no aparecerá en los títulos de crédito.

Como suele ocurrir con las corrientes artísticas que rompen brutalmente con el pasado, el movimiento Dogma 95 es tan radical que algunos de sus puntos son casi irrealizables. Si se siguieran al pie de la letra, prácticamente no existirían películas Dogma. Sin embargo, es cierto que su atrevida originalidad supone un paso más en la escala de audacia creativa, tan importante tras 100 años de cine.

Películas:
Celebración (1998), de Thomas Vinterberg.
Los idiotas (1998), de Lars von Trier.
Mifune (1999), de Sören Kragh-Jacobsen.
Lovers (1999), de Jean-Marc Barr.
Italiano para principiantes (2000), de Lone Scherfig.

ANEXO 3
GÉNEROS CINEMATOGRÁFICOS

Es común aceptar que el nacimiento de los géneros cinematográficos se halla ligado básicamente a un momento y a unas circunstancias históricas bien concretas: la necesidad de la industria americana de producir películas en masa destinadas a un público de culturas e intereses enormemente variados. La respuesta consistió en diversificar la producción de acuerdo con una serie de categorías que estaban delimitadas de manera más o menos precisa en función de parámetros tales como la temática, la ambientación histórica, el estilo visual, los personajes característicos, etc.

Así nació un esquema que hoy día sigue siendo el más eficaz para clasificar y estudiar la producción cinematográfica. En efecto, cada género ha llegado a dibujar con el paso del tiempo una historia particular ligada a sus títulos emblemáticos, a los directores y guionistas que los llevaron a cabo, a las estrellas que los protagonizaron, y hasta a las compañías especializadas en su producción. Una historia hecha de momentos de esplendor y popularidad, junto a épocas de crisis y agotamiento de ideas. Podría afirmarse que, en cierto sentido, la historia del cine es también en gran medida la historia de sus diversos géneros.

Sin embargo, el Séptimo Arte se ha resistido siempre a sucumbir frente a catalogaciones y sistematizaciones, y el mundo de los géneros no es una excepción. Abundan en él las ambigüedades, motivadas por una continua evolución de los modelos artísticos que los caracterizan, con sus innumerables influencias recíprocas llenas de imitaciones y mezclas, así como con sus simplificaciones y degradaciones, todo ello con el fin de satisfacer los gustos cambiantes de públicos cambiantes.

En el presente anexo, no hemos pretendido llevar a cabo un listado exhaustivo de los diversos géneros y subgéneros presentes a lo largo de la historia del cine. Tampoco ha sido nuestra intención la de realizar un análisis riguroso a la hora de desarrollar los diversos apartados seleccionados. Tan sólo, si acaso, hemos querido ser breves y sencillos en la exposición. Somos conscientes de que algunas

Robín de los bosques (1938), de Michael Curtiz.

categorías perfectamente definidas de películas se han quedado en el tintero —es el caso, por ejemplo, del cine erótico o de la *road movie*—, bien por englobar películas de valor más que dudoso, bien por constituir tipologías muy específicas que ni el propósito ni la extensión de este anexo aconsejaban incluir.

Por lo que respecta a las listas de películas, sólo deseamos aclarar que se trata, no tanto de un "lo que hay que ver sin falta", como de una especie de "si la ves, no quedarás defraudado...". En cualquier caso, vayan por delante ya desde ahora las disculpas pertinentes por posibles atropellos y omisiones.

Aventuras

Las películas de *aventuras* se caracterizan por narrar las peripecias de héroes históricos o ficticios con un estilo claro, ágil y ameno, que busca sobre todo el entretenimiento del público.

El cine de aventuras constituye uno de los géneros de evasión por antonomasia, a través del cual el espectador abandona momentáneamente la realidad cotidiana y se sumerge en relatos situados en tiempos lejanos y lugares exóticos. A ello contribuye también toda una galería de personajes arquetípicos bien definida: el héroe que, voluntariamente o no, debe afrontar innumerables riesgos y peligros, los amigos fieles que le acompañan allá donde vaya, la bella mujer de la que está enamorado, el villano al cual debe enfrentarse...

Gary Cooper, en *Beau Geste*.

Dentro del género de aventuras se engloban numerosos subgéneros caracterizados por elementos distintivos tales como la época histórica o la ambientación geográfica, abarcando desde los clásicos de capa y espada, hasta ciclos modernos como el dedicado a las aventuras de Indiana Jones.

Películas:
Tarzán de los monos (1932), de W.S. Van Dyke.
Rebelión a bordo (1935), de Frank Lloyd.
Robín de los bosques (1938), de Michael Curtiz.
Beau Geste (1939), de William A. Wellman.
Los tres mosqueteros (1948), de George Sidney.
El temible burlón (1952), de Robert Siodmak.
El prisionero de Zenda (1952), de Richard Thorpe.
El hombre que pudo reinar (1975), de John Huston.
En busca del arca perdida (1981), de Steven Spielberg.
El último mohicano (1992), de Michael Mann.

Bélico

El género *bélico* agrupa películas cuya temática gira en torno a la narración de episodios y hazañas militares ambientadas en los grandes conflictos armados del siglo XX. El hecho de limitar de este modo la cronología del cine bélico puede resultar tal vez sorprendente a primera vista. Sin embargo, no es difícil comprobar que las películas que tratan de conflictos bélicos desarrollados en siglos precedentes tienden a ser encuadradas de forma natural dentro del cine histórico —del que trataremos específicamente más adelante— y no en el género bélico, que es el que ahora nos ocupa.

En su origen, este tipo de películas solían enfocarse desde una óptica marcadamente partidista, en forma de historias de autoexaltación por parte de los distintos bandos envueltos en el conflicto. No es de extrañar, por tanto, que se trate de un género con fuertes connotaciones propagandísticas, sobre todo en su época de mayor auge tras la II Guerra Mundial.

Posteriormente, la realización de películas acerca de otros dramas bélicos con características diferentes —los conflictos relacionados con la descolonización, la Guerra de Vietnam...— contribuyó a desarrollar una tendencia crítica más acusada, que ha redundado en un aumento del prestigio del género al dotarlo de mayor realismo y objetividad.

Películas:
Sin novedad en el frente (1930), de Lewis Milestone.
El sargento York (1941), de Howard Hawks.
Objetivo Birmania (1945), de Raoul Walsh.
They Were Expendable (1945), de John Ford.
Senderos de gloria (1957), de Stanley Kubrick.
El puente sobre el río Kwai (1957), de David Lean.
Apocalypse Now (1979), de Francis F. Coppola.
Gallipoli (1981), de Peter Weir.
Platoon (1986), de Oliver Stone.
La delgada línea roja (1998), de Terrence Malick.

Ciencia Ficción

Como su propio nombre indica, el género de la *ciencia ficción* se caracteriza por narrar acontecimientos de carácter extraordinario, pero que el espectador puede asumir y racionalizar fundándose en su pretendida base científica.

Por lo general, este tipo de películas se asientan sobre las posibilidades y riesgos que entraña el desarrollo de las promesas atribuidas a la ciencia y a la técnica. Así, abundan en ellas los ambientes futuristas, los super-seres dotados de poderes especiales, las máquinas fantásticas y sofisticadas, los viajes espaciales... Otra característica esencial del género, estrechamente unida a todo lo anterior, es el imprescindible despliegue de efectos especiales necesario para garantizar un mínimo nivel de verosimilitud en la ambientación de los relatos.

La guerra de las galaxias (1977), de George Lucas.

Sin embargo, a pesar de lo dicho, lo cierto es que los límites del cine de ciencia ficción son difíciles de determinar, y existen múltiples derivaciones del género que lo emparentan estrechamente con otros como el de aventuras y el cine de terror.

Películas:
La guerra de los mundos (1953), de Byron Haskin y George Pal.
El planeta de los simios (1967), de Franklin J. Schaffner.
2001, una odisea del espacio (1968), de Stanley Kubrick.
La guerra de las galaxias (1977), de George Lucas.
Superman (1978), de Richard Donner.
Alien, el octavo pasajero (1979), de Ridley Scott.
Blade Runner (1982), de Ridley Scott.
E.T. El extraterrestre (1982), de Steven Spielberg.
Terminator I y *II* (1984/1991), de James Cameron.
The Matrix (1999), de Larry y Andy Wachowski.

Comedia

El término *comedia* designa básicamente un género caracterizado por el desarrollo de argumentos amables, en los cuales predominan los aspectos humorísticos, y que suelen terminar con un desenlace feliz.

Historias de Filadelfia (1940), de George Cukor.

Pueden distinguirse diversas modalidades de comedia en función de los diferentes mecanismos generadores del humor. Así, la comedia cómica o burlesca (*burlesque comedy*), se caracteriza por un sentido del humor de carácter externo y físico, basado sobre todo en la sucesión de *gags* (ideas cómicas de tipo visual o sonoro que sorprenden al espectador por su carácter insólito o absurdo).

En contraste, tanto la comedia sofisticada como la comedia extravagante, conceden mayor importancia a la solidez argumental y fundamentan su humor sobre todo en el desarrollo psicológico de los personajes. La comedia sofisticada (*sophisticated comedy*), en concreto, suele satirizar la moral y las costumbres propias de las clases altas y los ambientes refinados.

Frente a ella, la comedia extravagante (*screwball comedy*) presenta ambientes y personajes de tipo popular, posee un ritmo por lo general más rápido y, como su propio nombre indica, recurre con frecuencia a motivos y situaciones delirantes que no excluyen la improvisación, aproximándose en este sentido a las comedias burlescas.

Finalmente, la comedia romántica (*romantic comedy*) desarrolla argumentos que giran en torno a enredos y confusiones sentimentales, pudiendo derivar con relativa facilidad hacia el terreno del melodrama.

Películas
La quimera del oro (1925), de Charlie Chaplin.
Sopa de ganso (1933), de Leo McCarey.
La fiera de mi niña (1938), de Howard Hawks.
Vive como quieras (1938), de Frank Capra.
Historias de Filadelfia (1940), de George Cukor.
Ser o no ser (1942), de Ernst Lubitsch.
El hombre tranquilo (1952), de John Ford.

El apartamento (1960), de Billy Wilder.
Manhattan (1979), de Woody Allen.
Mejor... imposible (1998), de James L. Brooks.

Documental

El cine *documental* es aquél que trabaja sobre la realidad con el propósito de describirla o restituirla. En este sentido se opone al cine "argumental", por cuanto evita deliberadamente la ficción, la invención de la realidad no contrastada.

La búsqueda de la pureza y objetividad que subyace como razón de ser del cine documental, constituye toda una opción estética y filosófica dentro del Séptimo Arte. No en vano, esta pretensión se halla presente de forma más o menos evidente en la raíz de numerosos estilos y corrientes cinematográficas, que van desde las primeras obras maestras de Flaherty en los años 20, hasta el manifiesto Dogma 95, pasando por movimientos tan ilustres como el neorrealismo italiano o la *nouvelle vague*.

Sin embargo, conviene no olvidar que una obra cinematográfica nunca puede llegar a carecer por completo de un cierto punto de vista "de autor". En efecto, desde el momento en que los materiales fílmicos de partida son seleccionados y ordenados conforme a un determinado criterio, éstos aparecen dotados de sentido e intencionalidad subjetivos. Es por ello que todo documentalista termina por ofrecer, consciente o inconscientemente, una visión particular de la realidad que sustituye en mayor o menor medida a la realidad misma.

Películas:
Nanuk , el esquimal (1922), de Robert Flaherty.
El hombre con la cámara (1929), de Dziga Vertov.
Las Hurdes, tierra sin pan (1932), de Luis Buñuel.
Coal Face (1935), de Alberto Cavalcanti.
Olympia (1938), de Leni Riefensthal.
Gente del Po (1947), de Michelangelo Antonioni.
Thursday's Children (1954), de Lindsay Anderson.
Nuit et brouillard (1956), de Alain Resnais.
El misterio de Picasso (1960), de H.G. Clouzot.
La rabbia (1963), de Pier Paolo Pasolini.

Drama

Las películas denominadas genéricamente como dramáticas, o más sencillamente, *dramas*, se caracterizan por plantear las relaciones entre sus personajes en términos de conflicto, con el fin de suscitar una respuesta emocional intensa por parte del espectador.

En los dramas, ocupa un lugar fundamental la definición psicológica de los personajes con carácter realista, que permita hacer creíble la presencia en ellos de pasiones violentas, dilemas interiores... Por lo que respecta a la temática, ésta puede ser extremadamente diversa, si bien los conflictos de tipo sentimental ocupan un lugar privilegiado dentro del abanico de posibilidades.

Una variante derivada del drama lo constituye el *melodrama*, en el cual se exageran los aspectos de tipo sentimental y se simplifica el dibujo de los personajes dividiéndolos en buenos y malvados, con el fin de satisfacer una sensiblería de carácter simplista.

El término *tragedia* fue trasvasado al cine desde el ámbito teatral, donde designa técnicamente a los dramas cuyos personajes no son dueños de su propio destino, el cual les conduce irremisiblemente hacia extremos fatales como la locura o la muerte. Dentro del cine, la tragedia suele apuntar de manera difusa a los dramas especialmente patéticos o exagerados.

Películas:
Amanecer (1927), de F.W. Murnau.
Casablanca (1942), de Michael Curtiz.
Carta de una desconocida (1948), de Max Ophüls.
El crepúsculo de los dioses (1950), de Billy Wilder.
La ley del silencio (1954), de Elia Kazan.
Escrito sobre el viento (1956), de Douglas Sirk.
¿Qué fue de Baby Jane? (1962), de Robert Aldrich.
Cowboy de medianoche (1968), de John Schlesinger.
Azul (1993), de Krzysztof Kieslowski.

Histórico

El género *histórico* agrupa películas que se distinguen por narrar acontecimientos pasados —reales o legendarios— con una voluntad explícita de verosimilitud, tanto en lo que respecta al desarrollo de los hechos como a la fidelidad de la ambientación dramática.

Ben-Hur (1959), de William Wyler.

La temática de las películas históricas puede variar desde la presentación de la vida de personajes singulares hasta el desarrollo de la historia sociopolítica de comunidades y pueblos enteros. Desde el punto de vista intencional, la búsqueda de la objetividad puede derivar por su parte tanto hacia las hagiografías como hacia el panfleto ofensivo y ridiculizador.

El subgénero histórico con mayor tradición y fortuna lo constituye sin lugar a dudas el *Peplum*, película ambientada en la antigüedad clásica, en la que predominan los elementos de acción y aventuras. Las connotaciones despectivas del término, unidas a quienes lo consideran un mero subproducto cultural, no bastan para hacer ignorar la solidez de las grandes producciones procedentes de sus dos épocas doradas: los años anteriores a la I Guerra Mundial en Italia, y el período 1950-1965 de la industria americana.

Películas:
La reina Cristina de Suecia (1933), de Rouben Mamoulian.
Julio César (1953), de Joseph L. Mankiewicz.
Guerra y Paz (1956), de King Vidor.
Ben-Hur (1959), de William Wyler.
Espartaco (1960), de Stanley Kubrick.
Lawrence de Arabia (1962), de David Lean.
Un hombre para la eternidad (1966), de Fred Zinnemann.
El león de invierno (1968), de Anthony Harvey.
Gandhi (1982), de Richard Attenborough.
La lista de Schindler (1993), de Steven Spielberg.

Musical

Puede definirse el *musical* como un género de películas en las que el argumento interrumpe periódicamente su desarrollo clásico para dar paso a fragmentos musicales cantados y acompañados de elementos coreográficos más o menos complejos.

Originariamente, los números musicales poseían un carácter básicamente efectista y se hallaban desligados de la trama narrativa, a la cual imponían sus normas. Sin embargo, con la llegada del género a su etapa de madurez —la década de los 40— tendrá lugar una evolución decisiva marcada por una mayor integración estilística y dramática de los números en el seno de la acción.

A esta filosofía responden la mayoría de las obras maestras procedentes de la edad dorada del musical americano, así como los últimos grandes exponentes del género realizados durante la década de los 60. Desde entonces, las puntuales incursiones en el terreno del musical han estado casi siempre marcadas por el ánimo nostálgico o el afán experimental, y han cosechado acogidas diversas por parte del público y la crítica.

Películas:
Sombrero de copa (1935), de Mark Sandrich.
Cita en San Luis (1944), de Vincente Minnelli.
Un americano en París (1951), de Vincente Minnelli.
Cantando bajo la lluvia (1952), de Stanley Donen y Gene Kelly.
Melodías de Broadway 1955 (1953), de Vincente Minnelli.
Siete novias para siete hermanos (1954), de Stanley Donen.
West Side Story (1961), de Robert Wise y Jerome Robbins.
My Fair Lady (1964), de George Cukor.
Cabaret (1972), de Bob Fosse.
Bailar en la oscuridad (2000), de Lars von Trier.

Negro

Resulta difícil aventurar una definición plenamente satisfactoria del cine *negro*, dado que este viene determinado no tanto por un tipo de argumentos o personajes, como por un entorno y una "atmósfera" característicos.

El sueño eterno (1946), de Howard Hawks.

Gángsters, policías, detectives privados, noche urbana, siluetas con sombrero e impermeable, armas de fuego, música de jazz... todos ellos son elementos recurrentes en el cine negro. A este conjunto de rasgos externos se uniría, durante la etapa de esplendor del género —años 40-50 de Hollywood—, una creciente ambigüedad psicológica tomada de la novela negra: cínicos detectives a medio camino entre la honestidad y el todo vale, mujeres fatales llenas de fascinación y de inconfesables secretos, elegantes gángsters poseedores de su propio código de honor, chicas trágicamente unidas al destino de los malhechores a los que aman...

En definitiva, un enmarañado universo en el que se difuminan las fronteras entre el bien y el mal; donde los defensores de la ley tienen su lado oscuro, al tiempo que los delincuentes se hallan rodeados de un aura trágica y romántica la vez.

Otras tipologías fílmicas modernas, derivadas en última instancia del cine negro americano, son las denominadas genéricamente cine de *acción* y cine *policiaco*, según se acentúen en uno u otro caso los elementos violentos: tiroteos, explosiones, persecuciones..., o los de intriga y suspense: asesinos misteriosos, golpes perfectos, corrupción policial...

Películas:
Perdición (1944), de Billy Wilder.
Laura (1944), de Otto Preminger.
El sueño eterno (1946), de Howard Hawks.
Retorno al pasado (1947), de Jacques Tourneur.
La jungla de asfalto (1950), de John Huston.
Los sobornados (1953), de Fritz Lang.
Sed de mal (1958), de Orson Welles.
Chinatown (1974), de Roman Polanski.
Muerte entre las flores (1990), de Joel y Ethan Coen.
L.A. Confidential (1997), de Curtis Hanson.

Terror

El cine de *terror* se caracteriza por provocar, a través de diversos recursos, la sensación de miedo e indefensión en el espectador.

Aunque las temáticas y ambientaciones pueden ser muy diversas, lo cierto es que el género se asienta sobre señas de identidad bien definidas: despliegue de efectos especiales, escenografías tétricas, iluminación efectista, música inquietante...

Dentro del género de terror entendido en sentido amplio, cabe efectuar la distinción entre el cine de terror propiamente dicho, definido por la presencia de diferentes tipos de monstruos y criaturas asesinas, y el terror fantástico, marcado por la aparición de fuerzas paranormales, ritos esotéricos, intervenciones diabólicas, etc.

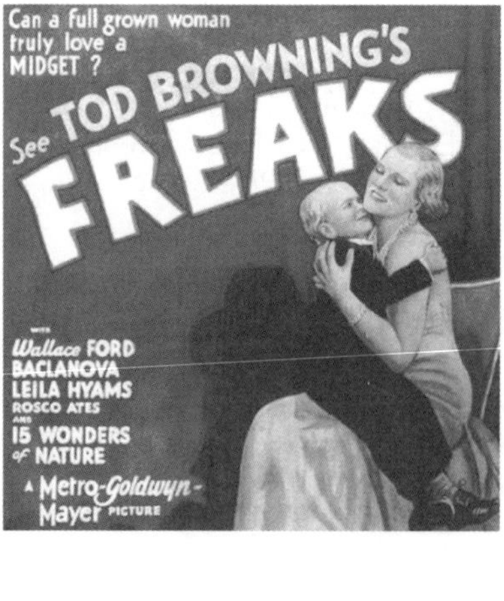

Finalmente, el *gore* constituye una derivación extrema del cine de terror, interesada sobre todo en explorar sus aspectos más truculentos y morbosos, llegando con frecuencia a transformar la angustia en simple asco o repugnancia por parte del espectador.

Películas:
El Doctor Frankenstein (1931), de James Whale.
La parada de los monstruos (1932), de Tod Browning.
La invasión de los ladrones de cuerpos (1956), de Don Siegel.
Psicosis (1961), de Alfred Hitchcock.
La máscara de la muerte roja (1964), de Roger Corman.
Drácula, príncipe de las tinieblas (1966), de Terence Fisher.
La semilla del diablo (1968), de Roman Polanski.
La noche de los muertos vivientes (1968), de George A. Romero.
El exorcista (1973), de William Friedkin.
El resplandor (1979), de Stanley Kubrick.

Western

El *western* constituye el género americano por excelencia y puede caracterizarse por el rasgo común de adoptar como escenario el Oeste de América del Norte en tiempos de los antiguos colonos.

Sin embargo, el universo del western va mucho más allá de lo estrictamente geográfico. Las películas del Oeste están marcadas por toda una temática y una iconografía absolutamente inconfundibles: el conflicto entre los colonos y las comunidades indias, la frontera como símbolo de la disyunción entre vida salvaje y civilización, la rivalidad entre granjeros y ganaderos, el avance del ferrocarril, la aventura del oro, personajes como el sheriff o el cowboy solitario... todo ello a medio camino entre la historia y la leyenda.

Del western clásico, centrado en torno a la epopeya de la conquista del Oeste con las señas de identidad descritas, proceden numerosas derivaciones más o menos estimables. Entre ellas se encuentran por ejemplo el *western crepuscular*, caracterizado por una visión decadente y desmitificadora del viejo Oeste, o el *spaguetti-*

Raíces profundas (1953), de George Stevens.

western de producción italiana, que imita al americano simplificando elementos del mismo y exagerando otros, como la violencia gratuita.

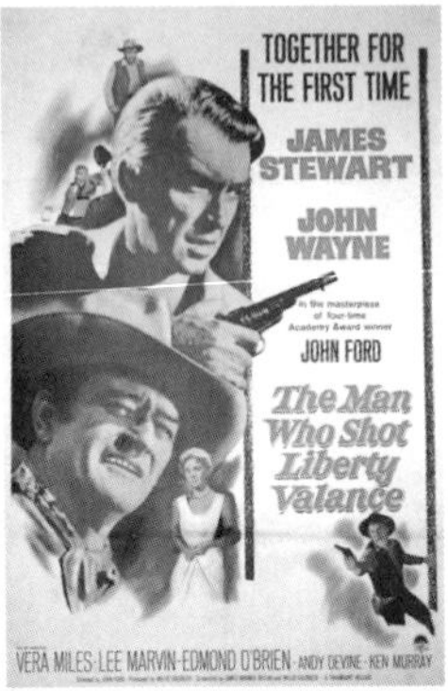

Películas:
La diligencia (1939), de John Ford.
Río Rojo (1948), de Howard Hawks.
Winchester 73 (1950), de Anthony Mann.
Raíces profundas (1953), de George Stevens.
Johnny Guitar (1953), de Nicholas Ray.
Centauros del desierto (1956), de John Ford.
El hombre que mató a Liberty Valance (1962), de John Ford.
Por un puñado de dólares (1964), de Sergio Leone.
Grupo salvaje (1969), de Sam Peckinpah.
Sin perdón (1992), de Clint Eastwood.

GLOSARIO

accesorios. Conjunto de elementos que completan una escena o un decorado y están comúnmente bajo el cuidado del ayudante del *director artístico* (→).

acción continuada. Forma de progresión de la narración cinematográfica sin interrupciones ni saltos temporales.

acciones paralelas. Forma de *montaje* (→) que presenta de manera alterna dos o más acciones que transcurren por lo general simultáneamente en el tiempo pero en escenarios diversos. (→ *Montaje paralelo*).

aceleración. Efecto técnico consistente en rodar a una velocidad de cámara inferior a la normal (24 fotogramas/segundo) para luego proyectar las imágenes obtenidas a la velocidad estándar de *arrastre* (→), con el fin de obtener una reproducción acelerada de la acción.

acetona. Disolvente celulósico que se utiliza para enganchar fragmentos de película durante el montaje del negativo. (→ *Empalmadora*).

actor. Profesional que interpreta un papel en una película u obra de teatro.

actor de doblaje. Actor encargado de poner voz a los diálogos de la película en una lengua distinta de la original.

actor de reparto. Actor que interviene de forma circunstancial en una o varias escenas de la película.

actor principal. Actor encargado de interpretar al personaje *protagonista* (→) de la película.

actor secundario. Actor encargado de interpretar un personaje relevante para el desarrollo de la historia, aunque distinto y de menor importancia que el *protagonista* (→). Por extensión, llamado también *actor de reparto* (→).

actualidades. Subgénero documental que hace referencia a los reportajes que tratan temas recientes, generalmente comentados mediante voz en off.

adaptar. Procedimiento que consiste en trasladar un texto original de fuente literaria (novelas, relatos, obras teatrales...) al ámbito cinematográfico, mediante la elaboración de un guión adecuado al lenguaje de la pantalla. (→ *Tratamiento*).

amateur. Nombre dado al realizador aficionado no profesional, autor de films normalmente de bajo presupuesto y en *formatos subestándar* (→).

ambientación. Actividad que consiste en hacer creíble una realidad que conviene a los intereses del rodaje, a través de la sintonía de diversos elementos, tales como la decoración, el vestuario, el maquillaje, la música, el tratamiento fotográfico, etc.

ampliación. Operación que consiste en pasar un film de un formato de película a otro más grande. (→ *Reducción*).

anamorfosis. Efecto de compresión de la imagen. Se obtiene mediante la utilización de un objetivo anamórfico.

ancho. → *Formato* de película.

angulación. Ángulo que forma en una toma el *eje óptico* (→) con el plano horizontal de referencia.

animación. Técnica consistente en crear la sensación de movimiento a partir de una serie de imágenes fijas filmadas fotograma a fotograma, las cuales, al ser proyectadas de forma yuxtapuesta, generan la ilusión de continuidad. Estas imágenes pueden ser dibujos, objetos, muñecos, *collages*, etc. (→ *Dibujos animados* e → *Imagen a imagen*).

anticlímax. Momento de bajo interés o tensión narrativa que sigue al *desenlace* (→) a modo de complemento o aclaración. (→ *Clímax*).

arco. Foco de iluminación que funciona haciendo saltar una chispa o arco eléctrico entre dos electrodos de carbón.

argumento. Historia o asunto de la película, tratado a partir de una idea esquemática más general. (→ *Idea* y → *Adaptar*).

arrastre. Mecanismo que permite que la película pase por el interior de la cámara o del proyector. (→ *Cruz de Malta)*.

aspecto. Relación entre la base y la altura del *fotograma* (→). Puede ser semicuadrado (1,33 a 1), panorámico (1,66-1,85 a 1) o superpanorámico (2,15-2,65 a 1).

atrezzista. Persona que se encarga de todos los detalles referentes al *atrezzo* (→) bajo la supervisión del *director artístico* (→).

atrezzo. Conjunto de instrumentos, utensilios y objetos de todo tipo que se usan en la decoración. (→ *Decorado*).

audio. Designación de la señal sonora una vez transformada en eléctrica.

auditorium. Sala especialmente equipada para realizar *doblajes* (→) y mezclas de sonido.

ayudante de cámara. Técnico responsable de la carga y descarga de los *chasis* (→), del control de los stocks de película, y de la entrega de la película impresionada al laboratorio.

ayudante de dirección. Persona que bajo la supervisión del director, se encarga de diversas tareas, tales como la coordinación del trabajo de los diferentes técnicos, dirección de figurantes, confección del *desglose* (→), etc.

ayudante de producción. Persona que representa durante el *rodaje* (→) al jefe de producción. Tiene la responsabilidad de elaborar una hoja de rodaje en la que han de especificarse las escenas y planos a rodar, personas que van a intervenir, localizaciones, horario, utillaje preciso, etc.

background. Fondo de un *escenario* (→) o de un *decorado* (→).

banda de diálogos. Banda magnética separada y sincronizada con la imagen, que contiene los diálogos de los intérpretes de la película.

banda de efectos. Banda magnética separada y sincronizada con la imagen, que recoge los diversos sonidos y ruidos ambientales que acompañan a la acción.

banda de imagen. Zona de la película que contiene la información visual.

banda de sonido. Zona de la película, situada a lo largo de uno de los costados del fotograma, que contiene el sonido del film, o sea, el resultado de la mezcla de las bandas separadas de diálogos, música y efectos.

banda de sonido internacional. Banda magnética de sonido que contiene la música y los efectos sonoros, pero no los diálogos. Se utiliza durante el doblaje de un film, de ahí que se la denomine internacional.

banda musical. Banda magnética separada y sincronizada con la imagen, que contiene la grabación de la música de la película.

banda sonora. Nombre genérico con el que se designa el conjunto de fragmentos musicales de fondo que acompañan una película.

barras de color. Señal de vídeo estándar para el ajuste de la gama de color de una pantalla.

barrido. Tipo de *transición* (→) consistente en un movimiento vertiginoso de la cámara desde el encuadre inicial hasta el final, mostrando entre ambos una serie de *fotogramas* (→) corridos donde es imposible distinguir imagen alguna.

big close-up. → *Gran primer plano.*

cadencia. Velocidad de paso de la película por la cámara y el proyector. En el mudo tenía lugar a 16 *fotogramas* (→) por segundo, mientras que en el sonoro, la cadencia estándar es de 24. En sentido amplio, el término designa también la duración y el ritmo de los diversos planos que integran la película.

cámara. Aparato capaz de registrar imágenes en continuidad.

cámara en mano. Procedimiento de rodaje en el cual se prescinde de cualquier tipo de soporte mecánico para la fijación de la cámara durante el rodaje.

cámara lenta. → *Ralentización.*

cámara rápida. → *Aceleración.*

cámara subjetiva. → *Plano subjetivo.*

cameraman. Término con el que se conoce al *operador* (→) de cámara, así como al operador de documentales y noticiarios.

campo. Espacio visual que puede captar la cámara desde la posición en la que se encuentra, limitado por el *encuadre* (→). (→ *Contracampo* y → *Fuera de campo*).

caña. → *Percha.*

cast. → *Reparto.*

casting. Sesión de pruebas durante la cual se lleva a cabo la selección de los *intérpretes* (→) idóneos de la película.

célula fotoeléctrica. Válvula del proyector que transforma las vibraciones luminosas en señales eléctricas.

celuloide. Nombre que recibe también la película, es decir, el soporte de material celulósico sobre el que se extiende la *emulsión* (→) sensible a la luz que impresiona la imagen.

chasis. Caja metálica situada sobre la estructura de la cámara en la que se alojan los rollos de película virgen e impresionada.

chocker close-up. → *Primerísimo primer plano.*

chroma. Efecto técnico consistente en superponer una imagen sobre otra que actúa como fondo ficticio.

cine-club. Entidad que se ocupa del estudio y difusión del cine como vehículo cultural.

cine-fórum. Proceso por el cual se analizan y debaten los contenidos de una película determinada tras un visionado de la misma.

cinemascope. Procedimiento óptico que permite registrar sobre una película estándar de 35 mm, imágenes que abarcan un campo mucho más extenso que el de los objetivos normales. La imagen se comprime por *anamorfosis* (→) mediante un objetivo especial durante la toma de vistas, y se amplía después en la proyección a través del procedimiento inverso.

cinerama. Procedimiento técnico que permite rodar con tres cámaras sincronizadas, y proyectar la película posteriormente mediante tres proyectores, también sincronizados, sobre una pantalla cóncava.

claqueta. Pizarra que se muestra a la cámara cada vez que empieza a rodarse, en la que consta el número de la secuencia, plano y toma correspondientes. El sonido seco que produce el listón superior al cerrarse, sirve para sincronizar en el montaje por *moviola* (→) el inicio de cada registro de imagen con el sonido correspondiente.

clímax. Momento culminante de máximo interés o tensión en la acción de la película, que suele tener lugar al final del *desarrollo* (→), antes de llegar al *desenlace* (→).

close-up. → *Primer plano.*

cola. Resto de película virgen inservible para rodar que se utiliza para cargas fotográficas. También se denomina así a cualquier trozo de película velada que sirve para colocar al principio o al final de un film en el momento de situarlo en el *proyector* (→), en la *moviola* (→), etc. (→ *Descarte*).

comparsa. Sinónimo de *extra* (→) o figurante.

complejo. Diferentes partes de un *decorado* (→) montadas correlativamente en el *estudio* (→) para llevar a cabo tomas en continuidad a lo largo de las diversas zonas.

complemento. Film de corta duración (dibujo animado, noticiario de actualidad, documental, etc.), que acompaña al largometraje y lo precede en orden de proyección.

congelado. Procedimiento de laboratorio consistente en repetir, copiándolo, un mismo *fotograma* (→) a lo largo de un cierto tramo de película, con el fin de paralizar la imagen en la pantalla durante un determinado lapso de tiempo.

consola (de edición). Equipo que permite el manejo simultáneo de varios *magnetoscopios* (→) durante el proceso de *montaje* (→) electrónico.

continuidad. Proceso de ordenar en la sala de montaje todas las escenas según el orden de desarrollo de la historia, pero sin llegar a realizar técnicamente el *montaje* (→) definitivo. Con este término se designa también de forma genérica al "*raccord*" (→), así como a la fase de elaboración del guión posterior al *tratamiento* (→) y previa al guión definitivo.

contracampo. Espacio virtual simétrico al *campo* (→), que se corresponde con la zona de la acción que se situaría tras la posición de la cámara. Por extensión, el término suele emplearse como sinónimo de *contraplano* (→), designando entonces a los objetos o figuras en primer plano que se interponen entre la cámara y su campo natural.

contraluz. Efecto de iluminación que se consigue filmando con la cámara de cara al foco principal de luz.

contrapicado. Angulación de la cámara que se obtiene cuando ésta filma desde abajo hacia arriba y el objeto o la figura humana enfocada se agranda. Por extensión, el término designa también aquellos planos rodados con esta angulación de cámara específica. (→ *Picado*).

contraplano. Figura u objeto que se sitúa en primer plano entre la cámara y su campo natural de visión, apareciendo por esto filmado desde atrás.

contrarreserva. → *Reserva.*

contratipo. Película especial de duplicación o de *tiraje* (→) intermedio, que sirve de paso previo a la obtención de una copia definitiva.

copia. Positivo a partir del *negativo* (→) de una película o de su *contratipo* (→).

copia cero. Es la primera *copia estándar* (→) obtenida en el laboratorio, sobre la cual se realizan las modificaciones y correcciones del *etalonaje* (→).

copia de trabajo. Primera copia obtenida a partir del *copión* (→) que se utiliza para el montaje y la *sonorización* (→) definitivos.

copia estándar. Copia completa en la cual ya se ha incorporado y sincronizado la banda de sonido a la *copia de trabajo* (→).

copión. *Positivo* (→) de imagen que se obtiene después del revelado del *negativo* (→), y que se utiliza solamente durante el montaje.

copión montado. → *Copia de trabajo.*

coproducción. Forma de producir un film uniendo los intereses económicos y a veces técnicos y artísticos de más de una empresa.

corte. Unión entre planos consecutivos por empalme directo sin que exista ningún tipo de *transición* (→) intermedia.

cortinilla. Tipo de *transición* (→) consistente en la sustitución gradual de una imagen por otra que se desplaza sobre ella, en dirección longitudinal o transversal.

cortometraje. Film de duración inferior a 30 minutos.

créditos. Listado de los profesionales y entidades que han intervenido en la elaboración de un film. Suelen aparecer sobreimpresionados al comienzo y al final de la película, de forma más extensa en este último caso. (→ *Genérico*).

cri. Película reversible para el *tiraje* (→) de *contratipos* (→) a partir de *negativos* (→) originales. Su nombre responde a las siglas de «Color Reversal Intermediate».

cronofotografía. Técnica de obtención de fotografías sucesivas de personas, animales u objetos en movimiento, captando y descomponiendo así las diversas fases del mismo.

cruz de malta. Mecanismo de *arrastre* (→) del proyector que hace avanzar la película delante del *objetivo* (→).

cuadro de la imagen. → *Fotograma.*

charriot. Soporte con tres ruedas de goma que incluye un sistema de sujeción de la cámara y permite su desplazamiento en *travelling* (→).

decorado. *Escenario* (→) real o elaborado artificialmente en el que se desarrolla una parte de la acción.

decorador jefe. → *Director artístico.*

decoupage. Voz francesa equivalente a *desglose* (→) y, en sentido amplio, a *planificación* (→).

definición. Característica técnica de la visualización de imágenes que mide la fidelidad y precisión con que se reproducen los detalles de las mismas.

desarrollo. Fase central del relato narrativo, posterior a la *presentación* (→) y previa al *desenlace* (→).

descarte. Fragmento de película que no se utiliza de entrada para el *montaje* (→), habitualmente por causa de algún defecto, y que se conserva debidamente catalogado para otros usos como el de *cola* (→).

desencuadre. Efecto que se produce cuando la imagen del *fotograma* (→) queda descentrada. Puede deberse a defectos en el funcionamiento del proyector, o ser procurada voluntariamente durante la filmación por razones estéticas.

desenfoque. Falta de nitidez o definición de la imagen que se produce por desajustes de enfoque, tanto del proyector como de la cámara. En este segundo caso, puede tratarse de un defecto técnico o de un recurso voluntario para efectuar *transiciones* (→) entre planos.

desenlace. Fase final del relato narrativo, en la cual se resuelven los conflictos planteados en la *presentación* (→) y el *desarrollo* (→).

desglose. Relación detallada de todo lo que se va a necesitar durante el *rodaje* (→) de cada uno de los planos. (→ *Ayudante de dirección*). De forma imprecisa, el término puede utilizarse también a veces como sinónimo de *planificación* (→).

diafragma. Disco pequeño situado en el *objetivo* (→) de la cámara, que sirve para regular la cantidad de luz que se ha de dejar pasar. (→ *Iris*).

diálogos. Frases pronunciadas por los intérpretes a lo largo de la película.

dialoguista. Persona especializada en la redacción de diálogos que se adecuen al *guión literario* (→).

dibujos animados. Técnica de *animación* (→) a partir de una serie de dibujos que se fotografían uno después de otro, y que reproducirán las distintas fases del movimiento al proyectarse sucesivamente a velocidad estándar.

digitalización. Proceso de conversión de una señal electrónica de tipo analógico en digital.

director. Responsable último de la realización de una película. Dirige a los intérpretes, supervisa todos los aspectos escenográficos, coordina el equipo técnico, vela por el estilo y la unidad narrativa del film, etc.

director de actores. Persona especializada en la dirección de *intérpretes* (→), que suele asesorar en este campo al director-realizador, ensayando aspectos como la dicción, la gestualidad, los movimientos dentro del escenario, etc.

director artístico. Profesional encargado de coordinar todo lo referente al diseño y ambientación de los *decorados* (→) de las escenas. Dirige la labor del *atrezzista* (→) y la del *regidor* (→).

director de doblaje. Profesional encargado de coordinar la grabación de los diálogos doblados y de dirigir a los dobladores durante la realización del *doblaje* (→).

director de fotografía. Profesional encargado de supervisar las condiciones de fotografía del rodaje, tanto si es interior como exterior. Decide la disposición de las fuentes de luz, la apertura del diafragma, las características de la película a utilizar, etc.

director de producción. Profesional encargado de controlar y administrar los gastos previstos en el plan de *producción* (→) a lo largo de la elaboración de una película.

distancia focal. Distancia que existe entre el centro óptico del *objetivo* (→) y la imagen impresionada en la película cuando el *enfoque* (→) está reglado en el infinito. A mayor distancia focal, menor campo visual y mayor agrandamiento de los objetos.

distribución. Proceso intermedio entre la *producción* (→) y la *exhibición* (→) que tiene por objeto la promoción y difusión comercial de las películas.

distribuidor. Profesional del campo de la *distribución* (→).

doblaje. Acción de registrar los diálogos traducidos a una lengua distinta de la original del film.

doble. Persona que sustituye al intérprete original en el rodaje de un determinado fragmento de la acción por motivos técnicos o de seguridad. (→ *"Stunt"*).

doble exposición. *Trucaje* (→) cinematográfico que consiste en filmar dos veces sobre el mismo fragmento de negativo haciéndolo pasar dos veces por el objetivo, previa colocación de *reservas* (→) en zonas opuestas de este último. (→ *Sobreimpresión*).

dolly. Vehículo rodante más pequeño que la *grúa* (→) convencional sobre el cual se sitúan el operador y la cámara.

drive-inn. Cine al aire libre dotado de una gran pantalla y de un sistema de escucha individual, instalado en un gran aparcamiento para vehículos desde los cuales se contempla la proyección.

duplicado. Copia obtenida por *contratipo* (→).

edición. Nombre que recibe el *montaje* (→) cuando se realiza sobre soporte magnético.

efectos especiales. Conjunto de procedimientos utilizados para la elaboración de imágenes ficticias que serían difíciles o imposibles de obtener en la realidad. (→ *Trucaje*).

efectos sonoros. Sonidos y ruidos producidos artificialmente o bien extraídos de la vida real, que se acoplan a determinados fragmentos de la película cuyas tomas de sonido serían difíciles o imposibles de obtener de forma directa.

eje de la acción. Línea imaginaria a lo largo de la cual se desarrolla la acción de los personajes en el espacio escénico. (→ *Salto de eje*).

eje óptico. Línea imaginaria que une el centro del *encuadre* (→) con el centro del *objetivo* (→) de la cámara.

elipsis. Fragmento de la acción omitido conscientemente en la narración argumental de la película, cuya ausencia es percibida de forma explícita por el espectador.

empalmadora. Aparato especial que permite unir de forma automática los diversos fragmentos de película al efectuar el *montaje* (→).

emplazamiento. Punto en el que se sitúa la cámara en el momento de rodar una escena.

emulsión. Composición química sensible a la luz que recubre una de las dos caras —la que se impresiona— de la película de *celuloide* (→). (→ *Sensibilidad*).

encadenado. Tipo de *transición* (→) en la cual un plano se superpone progresivamente por *sobreimpresión* (→) a otro anterior a lo largo de una serie de *fotogramas* (→).

encuadre. Límite del espacio visual ocupado por la imagen en la pantalla, elegido y definido por el *director de fotografía* (→) con el visto bueno del realizador de la película.

enfoque. Operación consistente en ajustar el *objetivo* (→) de la cámara o del proyector con el fin de obtener una imagen nítida en el *visor* (→) o en la pantalla.

enlace. → *"Raccord"*.

episodio. Fragmento de la acción narrativa más o menos amplio con entidad argumental propia.

equipo artístico. Conjunto de intérpretes que encarnan los diversos personajes que intervienen en la película. (→ *Reparto*).

equipo técnico. Conjunto de profesionales que trabajan en los diferentes ámbitos técnicos relacionados con la consecución de la película: producción, guión, fotografía, decoración, iluminación, sonido, maquillaje, vestuario, montaje, etc.

escaleta. Primera fase en la elaboración de un *argumento* (→), conocida más comúnmente como *sinopsis* (→).

escena. Fragmento del relato fílmico que se desarrolla por lo general en un único *escenario* (→) y que carece de sentido dramático completo en sí mismo. (→ *Secuencia*).

escenario. Conjunto de elementos que configuran el espacio donde tiene lugar la acción dramática, bien sea en un *plató* (→) o en un *exterior* (→).

escenografía. Arte de diseñar todo lo relacionado con la *ambientación* (→) de una escena, desde los *decorados* (→) hasta la *iluminación* (→) o los *efectos sonoros* (→).

escorzo. Efecto que se produce cuando un objeto o una figura humana aparece en primer término en la pantalla y queda desfigurado en relación al resto del *encuadre* (→).

especialista. Persona encargada de doblar físicamente a los intérpretes principales durante el rodaje de secuencias arriesgadas o de difícil ejecución. (→ *Doble*).

estudio. Espacio que contiene los decorados e instalaciones técnicas necesarias para el rodaje de una parte o de toda la película: cámaras, grúas, plataformas, equipos de iluminación y de sonido..., además de otros servicios complementarios como por ejemplo camerinos, restaurantes, etc. (→ *Plató*).

etalonaje. Proceso de igualación fotográfica de una película, para corregir las variaciones de densidad y cromatismo de la imagen a lo largo de las diversas *tomas* (→).

exhibición. Actividad comercial consistente en la proyección pública en salas de cine de películas en periodo de explotación legal.

exhibidor. Profesional del campo de la *exhibición* (→) cinematográfica.

exposición. Lapso de tiempo en el que la película cinematográfica resulta impresionada por la acción de la luz. (→ *Emulsión*).

exterior. Lugar al aire libre fuera del *estudio* (→), habilitado para rodar. (→ *Interior*).

extra. Actor cuya intervención en la película se limita a figurar como relleno en alguna escena que deba incluir masas o colectivos anónimos.

extreme close-up. → *Primerísimo primer plano.*

figurante. → *Extra.*

film. Término sinónimo de "película", tanto en el sentido de obra cinematográfica acabada, como en el de material impresionable.

filmar. Acción de registrar imágenes durante el rodaje de una película.

filmet. Film de duración breve y de carácter publicitario que se proyecta en las salas de exhibición. (→ *Spot*).

filtro. Placa de material transparente que se antepone al *objetivo* (→) de una cámara o proyector, o se coloca delante de una fuente luminosa, con el fin de modificar la distribución cromática o reducir la intensidad lumínica.

filtro de cámara. Filtro que se coloca delante del objetivo de la cámara. (→ *Filtro*).

flash. Plano de duración muy breve que muestra sólo un detalle característico con fines expresivos.

flash-back. Inserto narrativo situado en un tiempo cronológicamente pasado respecto al tiempo de referencia considerado como presente en la narración principal.

flash-forward. Inserto narrativo situado en un tiempo cronológicamente futuro respecto al tiempo de referencia considerado como presente en la narración principal.

flou. Efecto visual que se obtiene aplicando un *filtro* (→) adecuado delante del objetivo de la cámara con el fin de producir una imagen vaporosa o difusa.

foquista. Ayudante del *operador* (→) de cámara que se encarga de mantener enfocado el *objetivo* (→) durante los desplazamientos de los intérpretes o de la cámara.

formato. Ancho de la película en milímetros.

formato estándar. Formatos de 35 mm y súper 35 mm, usados en los largometrajes comerciales.

formato subestándar. Formatos de 8 mm, súper 8 mm, 16 mm y súper 16 mm, utilizados habitualmente en películas caseras o *amateurs* (→).

forzado. Procedimiento técnico consistente en prolongar el tiempo de revelado del *negativo* (→) o aumentar la temperatura del proceso, con el fin de obtener un aumento en la *sensibilidad* (→) de impresión.

foto-fija. Persona encargada de tomar durante el rodaje una fotografía única de cada plano para el archivo, así como una imagen final de cada toma con el objeto de fijar la distribución de personajes y accesorios de cara al "*raccord*" (→) de tomas sucesivas.

fotogenia. Cualidad de la persona que posee buenas condiciones para ser fotografiada o filmada.

fotógrafo de plató o de rodaje. → *Foto-fija.*

fotograma. Cada uno de los cuadros fotográficos que se impresionan en la película cinematográfica.

fotograma a fotograma. → *Imagen a imagen.*

fotómetro. Aparato que mide los índices de iluminación (luz incidente) y brillo (luz reflejada) de la imagen registrada, a partir de los cuales se deciden las condiciones de *exposición* (→) más adecuadas para cada toma.

fragmentación de la imagen. Variedad de *sobreimpresión* (→) caracterizada por procurar la división del espacio visual en varias regiones contiguas mediante el uso apropiado de *reservas* (→) en las zonas correspondientes.

fuera de campo. Acción o sonido que tiene lugar fuera del campo visual de la imagen en pantalla. (→ *Campo*).

fundido. Tipo de *transición* (→) en la cual un plano se tiñe progresivamente de un cierto color (habitualmente negro o blanco) que llega a borrarlo completamente, para a continuación diluirse y mostrar el nuevo plano.

gag. Efecto humorístico basado en la sorpresa o el absurdo, propio de las comedias.

gagman. Persona especializada en la creación de *"gags"* (→).

gelatina. Variedad de *filtros* (→) que se colocan delante de las fuentes luminosas.

genérico. Conjunto de *créditos* (→) previos a la película, en los cuales no aparecen de modo exhaustivo todas las personas que han intervenido en su elaboración, sino sólo las más importantes (director, intérpretes principales, guionistas, fotógrafo, autor de la banda sonora...).

gran angular. Tipo de *objetivo* (→) que distorsiona el espacio, creando un campo visual de gran amplitud con angulación pronunciada.

gran plano general. → *Plano panorámico.*

gran primer plano. Variedad de *primer plano* (→) que recoge la expresión facial desde la frente hasta la boca o la barbilla. (→ *Primerísimo primer plano*).

grano. Textura visual que adquiere la imagen cuando al ser proyectada en pantalla queda ampliada y aparece en forma de puntos diferenciados.

grúa. Aparato compuesto por un brazo unido a una plataforma móvil sobre la que se sitúan la cámara y el operador. Este dispositivo permite llevar a cabo un gran abanico de movimientos lineales y combinados, tanto dentro como fuera del estudio (→ *"Dolly"*). Por extensión, este término designa también a los movimientos realizados con dicho aparato.

guión literario. Narración completa del film que contiene la totalidad de los *diálogos* (→) y la *voz en off* (→) presentes en la película.

guión técnico. Anotaciones paralelas al *guión literario* (→) en las que se especifica lo que se debe ver y escuchar en cada momento durante la proyección del film, y en el mismo orden en que aparecerá en la pantalla: aspectos de la iluminación, evolución de los intérpretes en el escenario, detalles de ambiente, de decoración, la música que se tiene que grabar en cada toma, los ruidos y efectos que hay que incorporar, los diálogos, etc.

guionista. Persona que redacta el guión de una película.

hoja de rodaje. → *Plan de rodaje.*

idea. Punto de partida para elaborar el *argumento* (→) de una película. (→ *Sinopsis*).

iluminación. Cantidad de luz que necesita un escenario, un objeto o una figura humana para que pueda ser correctamente fotografiada durante la filmación.

iluminador. Técnico encargado de supervisar las condiciones de iluminación (luminosidad, brillo, contraste...) durante el rodaje.

imagen a imagen. Procedimiento de filmación utilizado en el cine de *animación* (→) que consiste en impresionar objetos o dibujos uno tras otro, dando lugar así a las diferentes fases del movimiento

ingeniero de sonido. Persona encargada de controlar el registro de la *banda de sonido* (→) (diálogos, ruidos, músicas) durante el rodaje, de tal manera que pueda sincronizarse correctamente con las imágenes durante el montaje de la película.

inserto. *Plano* (→) que se intercala en medio de otros para destacar un detalle, describir un aspecto de la acción, etc.

interior. Lugar ambientado y decorado para rodar una escena que se desarrolla dentro de un espacio cerrado. (→ *Exterior*).

interlock. Denominación que recibe la proyección simultánea y por separado de las bandas de imagen y sonido que se utiliza sobre todo durante las sesiones de *doblaje* (→).

intermediate. → *Contratipo.*

internegativo. Película a partir de la cual se obtiene el *contratipo* (→) en los films en color en lugar de la *lavender* (→), que se utiliza en los de blanco y negro.

intérprete. → *Actor.*

interpretación. Arte de interpretar o de representar personajes en obras teatrales o cinematográficas.

intertítulos. Carteles que contienen textos explicativos o diálogos que constituyen fotogramas independientes intercalados en la acción dramática. Utilizados habitualmente en el cine mudo y a veces también en el sonoro.

inversión del movimiento. Efecto que se obtiene al hacer retroceder la película en el interior de la cámara durante la filmación, de modo que al reproducirla en sentido de avance natural, la acción tenga lugar desde atrás hacia delante, comenzando por el final.

iris. Tipo de *transición* (→) en la cual los planos se ocultan o muestran de forma progresiva adoptando geometrías circulares que responden al cierre o apertura gradual del *diafragma* (→) de la cámara.

jefe de producción. → *Director de producción.*

jirafa. Brazo mecánico, articulado y alargado, en cuyo extremo se cuelga un micrófono que capta directamente los sonidos producidos durante el rodaje sin aparecer en el campo de la imagen. En la práctica, debido a su considerable peso, la jirafa se utiliza casi exclusivamente en estudios de televisión, mientras que en cine se recurre a la *percha* (→) o *caña* (→), más manejable.

jirafista. Técnico encargado del manejo de la *jirafa* (→).

laboratorio. Lugar donde se llevan a cabo los procesos de *revelado* (→) de *negativos* (→) y *positivado* (→) de *copias* (→) de película.

lanzamiento. Conjunto de actividades publicitarias relacionadas con la presentación comercial de una película.

largometraje. Película de duración superior a 60 minutos.

lavender. Película lavada sobre la que se tiran las copias positivas, y a partir de la cual se obtienen nuevos *negativos* (→), *duplicados* (→) *y contratipos* (→). Utilizada sobre todo para películas en blanco y negro. (→ *Internegativo*).

lente. → *Objetivo.*

localización. Elección previa al rodaje de los *interiores* (→) y *exteriores* (→) más adecuados para las escenas que han de filmarse, tanto por lo que respecta a la ambientación, como a las condiciones técnicas. Por extensión, el término también se aplica a los espacios físicos elegidos para servir como escenarios de la acción.

long-shot. → *Plano general.*

luminosidad. Intensidad de luz emitida por una fuente luminosa referida al ángulo de visión bajo el cual es captada.

luz artificial. Luz proporcionada por una instalación técnica de fuentes luminosas (lámparas, focos, proyectores...), pantallas y filtros.

luz de ambiente. Luz que se utiliza como base primaria para iluminar un decorado de modo uniforme y sin contrastes.

luz natural. Luz que proporciona el sol durante el día y la luna durante la noche.

MacGuffin. Elemento argumental que, careciendo de importancia real en sí mismo, sirve como pretexto para introducir, desarrollar o incluso justificar toda o una parte de la acción narrativa.

magnetoscopio. Aparato que permite la grabación y reproducción de señales de audio y vídeo en soporte analógico magnético.

Major. Nombre con el que se designa a las cinco grandes compañías de *producción* (→), *distribución* (→) y *exhibición* (→) cinematográfica en la época clásica de Hollywood (años treinta y cuarenta): MGM, Paramount, Warner Bros, 20th Century Fox y RKO. (→ *"Minor"*).

maqueta. Reproducción a escala de escenarios, decorados, objetos... utilizada para la realización de *trucajes* (→).

maquillador. Persona ocupada de la caracterización facial de los intérpretes con el fin de conseguir una correcta adecuación externa a los personajes que deben encarnar, así como unas condiciones óptimas de *fotogenia* (→).

maquinista. Técnico encargado de la maquinaria auxiliar utilizada durante la filmación para desplazar la cámara, mover partes del decorado, trasladar instalaciones de iluminación, etc.

master. Toma de referencia que se realiza al inicio del rodaje de una escena. También se usa este término para denominar comúnmente el *positivo* (→) especial que sirve para el *tiraje* (→) de copias de un programa o película.

***master* de sonido.** *Banda de sonido* (→) original de un film grabada sobre película magnética.

mediometraje. Película de duración comprendida entre 30 y 60 minutos.

medium-shot. → *Plano medio.*

meritorio. Persona que se inicia como técnico desde los niveles de ayudante o asistente. A medida que avanza en la práctica, se va capacitando pare asumir funciones de responsabilidad creciente hasta alcanzar la titularidad.

mesa de mezclas. → *Mezcla.*

mesa de montaje. → *Moviola.*

metraje. Longitud de película en metros. Su equivalencia en minutos permite clasificar los films en *cortometrajes* (→), *mediometrajes* (→) y *largometrajes* (→).

mezcla. Proceso que consiste en grabar juntas las diferentes *bandas de sonido* (→) de una película (diálogos, música y efectos), de forma que queden integradas en una única pista sonora. Esta operación se lleva a cabo en la mesa de mezclas de un estudio de sonido.

minibrut. Proyector de tipo abierto, dotado de una serie de seis o de nueve lámparas de cuarzo, que suele utilizarse para *iluminación* (→) ambiental.

Minor. Nombre con el que se designa, por contraposición a las *"Major"* (→) *companies,* a las tres compañías secundarias más significativas de producción cinematográfica en la época clásica de Hollywood (años treinta y cuarenta): Columbia, Universal y United Artists.

mixage. → *Mezcla.*

montador. Profesional encargado de realizar el *montaje* (→) de la película.

montaje. Proceso que consiste en escoger, ordenar y empalmar todos los *planos* (→) que entrarán a formar parte de la película definitiva de acuerdo con una idea y un *ritmo* (→) determinados. (→ *Montador,* → *Moviola* y → *Empalmadora*).

montaje paralelo. Forma de montaje que muestra alternativamente el desarrollo de dos o más acciones simultáneas. (→ *Acciones paralelas*).

movimiento acelerado. → *Aceleración.*

movimiento invertido. → *Inversión del movimiento.*

movimiento ralentizado. → *Ralentización.*

movimiento suspendido. → *Congelado.*

moviola. Aparato electromecánico que el *montador* (→) utiliza para realizar el *montaje* (→) de las bandas de imagen y sonido de un film. (→ *Empalmadora*).

negativo. Película fotográfica, caracterizada por la inversión de zonas claras y oscuras respecto a la realidad, de la que se obtiene el *positivo* (→) y las copias que sean necesarias a través del *tiraje* (→).

noche americana. Efecto técnico consistente en rodar de día una escena exterior que supuestamente transcurre durante la noche. Esta impresión se consigue mediante la utilización al menos parcial de fuentes luminosas artificiales así como de filtros adecuados.

objetivo. Sistema de lentes de un instrumento óptico (cámara, proyector...).

obturador. Dispositivo mecánico de la cámara con el que se controla el tiempo de *exposición* (→) de la película a la luz.

off-screen. Término aplicado a los elementos sonoros cuyo origen no es visible en la pantalla. (→ *Fuera de campo*).

operador. Técnico responsable del manejo de la cámara, bajo el control inmediato del operador jefe y de acuerdo con las indicaciones generales del director. (→ *Cameraman*).

operador jefe. → *Director de fotografía.*

panorámica. Movimiento de cámara obtenido al girar ésta sobre su eje vertical, sin que exista movimiento traslacional en el espacio.

pedalina. Cajón de madera sobre el que sitúan algunos intérpretes en los planos medios y cortos para disimular las diferencias de estatura.

percha. Dispositivo mecánico con forma

de brazo articulado en cuyo extremo se cuelga un micrófono que capta directamente los sonidos del rodaje sin aparecer en el campo de la imagen. Posee menores dimensiones y peso que la *jirafa* (→), a la que ha sustituido de forma prácticamente generalizada en los rodajes cinematográficos.

perchista. Técnico encargado del manejo de la *percha* (→).

perforaciones. Agujeros practicados a lo largo de los laterales de la tira de película en los que se introducen los dientes del sistema de *arrastre* (→) de la cámara o proyector.

picado. Angulación de la cámara que se obtiene cuando ésta filma desde arriba hacia abajo, empequeñeciendo al objeto o figura humana en relación con el espacio contiguo. Por extensión, el término designa también aquellos planos rodados con esta angulación de cámara específica. (→ *Contrapicado*).

pista. Zona situada en el lateral izquierdo de la película, entre la *banda de imagen* (→) y las *perforaciones* (→), que se reserva para el registro de sonido, ya sea éste digital o magnético.

plan de rodaje. División y organización por tareas del tiempo previsto para el rodaje de una película. (→ *Rodaje*).

planificación. Operación consistente en asignar a cada fragmento del *guión técnico* (→) el plano asociado correspondiente, definiendo sus características principales: *encuadre* (→), *angulación* (→), movimientos...

plano. Unidad básica de la narrativa audiovisual. Desde un punto de vista técnico, puede definirse como la *toma* (→) o fragmento de toma que entra a formar parte del *montaje* (→) definitivo de la película.

plano americano. Plano que encuadra a los personajes cortando más o menos a la altura de las rodillas.

plano cenital. Plano filmado desde el techo, es decir, con una *angulación* (→) del eje de la cámara perpendicular a la superficie horizontal en que se hallan los intérpretes.

plano contrapicado. → *Contrapicado.*

plano detalle. Plano que encuadra un elemento de la figura humana, o un objeto o parte de él. En el primer caso, no debe por sí solo definir la expresión del personaje, para distinguirlo del *primerísimo primer plano* (→).

plano de edición. → *Plano.*

plano de registro. → *Toma.*

plano general. Plano que encuadra a los personajes de cuerpo entero, manteniendo una composición equilibrada con el escenario circundante.

plano grúa. Plano en movimiento que se realiza haciendo uso del dispositivo mecánico del mismo nombre. (→ *Grúa*).

plano inserto. → *Inserto.*

plano *master*. → *"Master".*

plano medio. Plano que encuadra a los personajes cortando por encima de las rodillas, habitualmente desde la cintura hasta la cabeza.

plano objetivo. Plano que muestra la acción de forma objetiva.

plano panorámico. Plano que encuadra una visión amplia del espacio donde se desarrolla la acción, en el cual el escenario cobra mayor importancia que las figuras humanas.

plano picado. → *Picado.*

plano-secuencia. Plano en movimiento que registra de forma continua, sin cortes, una *secuencia* (→) completa. En sentido amplio, también se emplea este término para designar un plano en movimiento que recoge de forma continua una o varias acciones consecutivas, aunque lo filmado no sea propiamente una secuencia.

plano subjetivo. Plano que muestra la acción desde el punto de vista de algún personaje.

plató. Cada uno de los distintos recintos cubiertos de un *estudio* (→), acondicionados para servir como *escenario* (→) y albergar el rodaje de un fragmento o de la totalidad de una película o programa de televisión.

play-back. Reproducción de una *banda sonora* (→) con el fin de sincronizar respecto a ella un determinado fragmento de la acción.

positivado. Proceso de obtención del *positivo* (→) y las *copias* (→) a partir del *negativo* (→).

positivo. Copia de película resultante del proceso de *positivado* (→), en la cual las zonas claras y oscuras aparecen tal y como se ven en la realidad.

postproducción. Fase final de la elaboración de una película, en la cual se realiza el *montaje* (→), la *sonorización* (→) y el *tiraje* (→) de copias.

postsincronización. Operación que consiste en grabar en el estudio la *banda sonora* (→) sincronizándola con las imágenes de la película.

practicable. Plataforma de cierta altura sobre la que se sitúan el *operador* (→) y la *cámara* (→) cuando se necesita rodar una serie de planos generales de larga duración.

pregenérico. Término con que se designa el fragmento de arranque de una película, cuando éste aparece previamente a los títulos de crédito iniciales que constituyen el *genérico* (→).

preproducción. Fase inicial de la elaboración de una película, que incluye la redacción del *guión* (tanto *literario* (→) como *técnico* (→)), la definición de la *planificación* (→), y la especificación del *plan de rodaje* (→).

presentación. Fase inicial del relato narrativo en la que se introducen los personajes y conflictos principales del mismo.

primer plano. Plano que encuadra el rostro de un personaje cortando por encima de los hombros.

primerísimo primer plano. Variedad de *primer plano* (→) que encuadra esencialmente los ojos —pueden aparecer también nariz e incluso boca, aunque no necesariamente— y trata de expresar con énfasis el estado anímico del personaje. (→ *Gran primer plano*).

producción. Fase central de la elaboración de una película, posterior la *preproducción* (→) y anterior a la *postproducción* (→), que se identifica esencialmente con el trabajo de *rodaje* (→).

profundidad de campo. Espacio visual comprendido entre el primer y último términos que quedan enfocados dentro de un mismo *encuadre* (→). (→ *Campo*).

protagonista. Personaje principal de la acción de una obra literaria o cinematográfica.

proyector. Aparato que sirve para proyectar imágenes en una pantalla. También se designa con este término el dispositivo que permite enviar la luz de un foco en forma de uno o varios haces de luz de intensidad luminosa regulable.

raccord. Ajuste de movimientos y detalles de *continuidad* (→) entre planos consecutivos.

ralentización. Efecto técnico consistente en rodar a una velocidad de cámara superior a la normal (24 fotogramas/s) para luego proyectar las imágenes obtenidas a la velocidad estándar de *arrastre* (→), con el fin de obtener una reproducción ralentizada de la acción.

ratio. → *Aspecto.*

realizador. → *Director.*

reducción. Proceso que consiste en pasar un film de un *formato* (→) de película a otro menor. (→ *Ampliación*).

regidor. Técnico subordinado al responsable del *atrezzo* (→) que se encarga de proporcionar todos los objetos que se requieran en el desarrollo del rodaje.

remake. Película realizada a partir del *argumento* (→) de otro film original. El grado de literalidad en la imitación puede ir desde la simple idea general, hasta la reproducción explícita de diálogos, planificación e incluso montaje.

reparto. Término colectivo con el que se designa al conjunto de intérpretes que intervienen en una película.

replicar. Proceso consistente en copiar la *banda de sonido* (→) magnética obtenida de la sesión de *mezcla* (→), en soporte óptico. Por extensión, el término se emplea también para designar la copia de una grabación o programa en general sobre un soporte distinto.

reserva. Zona del *fotograma* (→) que se cubre para mantenerla no impresionada, con el objeto de rodar posteriormente sobre ella, ocultando entonces la zona contigua. Este procedimiento se utiliza para realizar diversos *trucajes* (→) como la *sobreimpresión* (→) y la *doble exposición* (→).

resolución. → *Definición.*

revelado. Proceso de obtención de la primera copia positiva o *copión* (→) a partir del *negativo* (→) de la película.

ritmo. Impresión dinámica asociada a la combinación de planos de diferente composición, duración e intensidad en el *montaje* (→) de una película.

robar la imagen. Expresión usada en argot cinematográfico para expresar que un *actor secundario* (→) eclipsa al *actor principal* (→) por su presencia, magnetismo o talento interpretativo.

rodaje. Periodo dedicado a la filmación de todas las *tomas* (→) que constituirán el material primario de cara al *montaje* (→) de la película.

salto de eje. Efecto resultante de realizar tomas consecutivas de una acción en movimiento desde lados opuestos de la misma, provocando así una sensación de desorientación en el espectador al invertir aparentemente el sentido del movimiento. (→ *Eje de la acción*).

salto de imagen. Discontinuidad abrupta en la acción debido a un empalme de *tomas* (→) consecutivas al realizar el *montaje* (→).

script. Técnico encargado de anotar todos los detalles del rodaje de cada *toma* (→) para asegurar la continuidad entre una y otra. También se emplea a veces este término para designar el *guión técnico* (→) una vez planificado. (→ *Planificación*).

secuencia. Unidad narrativa en la que se plantea, desarrolla y concluye un cierto conflicto dramático de entidad autónoma dentro del relato fílmico. (→ *Escena*).

set. → *Plató.*

secundario. → *Actor secundario.*

sensibilidad. Capacidad de la película para ser impresionada por la luz, en función de la composición química de la *emulsión* (→).

sincronización. Proceso consistente en hacer concordar exactamente la *banda de imagen* (→) con la *banda de sonido* (→) de un film.

sinopsis. Relato breve que desarrolla en forma narrativa la *idea* (→) argumental básica de una película o *guión* (→).

sketch. Fragmento teatral o fílmico breve con hilo argumental y unidad narrativa propias.

sobreimpresión. Impresión de dos o más imágenes superpuestas sobre una misma serie de fotogramas.

sonido de referencia. Técnica de grabación sonora que se utiliza en el rodaje cuando está prevista la *sonorización* (→) posterior.

sonido directo. Técnica de grabación que se utiliza en el rodaje cuando el registro de sonido original va a permanecer como definitivo.

sonorización. Proceso de grabación de diálogos en estudio con posterioridad al rodaje de las escenas correspondientes.

soporte. Material sobre el que se registran imágenes o sonido. Por extensión, el término designa también de forma genérica el tipo de procedimiento utilizado durante la grabación.

sound-band. → *Banda sonora.*

sound-track. → *Banda de sonido.*

spot. Film de duración breve y carácter publicitario destinado a la emisión televisiva.

start. Marcas realizadas con lápiz graso sobre las *bandas de imagen* (→) y *sonido* (→) con objeto de servir como referencia durante el proceso de *sincronización* (→).

steadycam. Dispositivo mecánico que, a través de un complejo sistema de fijaciones y amortiguadores, permite realizar movimientos de cámara en el espacio sin que se produzcan vibraciones ni brusquedades.

still. → *Congelado.*

stunt. → *Especialista.*

story-board. Serie de dibujos que representan esquemáticamente la organización en *escenas* (→) y *secuencias* (→) de la película, pudiendo llegar en grado de detalle hasta el desarrollo exhaustivo de la *planificación* (→).

technicolor. Procedimiento de cine en color patentado por la empresa del mismo nombre, y basado en el *tiraje* (→) de copias por impregnación de tres capas de diferente *sensibilidad* (→).

tele-cine. Aparato que permite transferir una película desde soporte fílmico a formato vídeo para su distribución comercial en televisión, alquiler o venta.

tele-film. Película producida y realizada para ser distribuida exclusivamente en formato televisivo.

tiraje. Proceso de obtención de *copias* (→) de una película a partir del primer *positivo* (→) original resultante del *positivado* (→).

titulos de crédito. → *Créditos.*

toma. Serie de imágenes captadas de forma continua mediante una cámara. (→ *Plano*).

track. → *Pista.*

tracking. Centrado de la tira magnética respecto a los cabezales de grabación o lectura.

tráiler. Conjunto de fragmentos de una película seleccionados y combinados para servir como promoción publicitaria de la misma.

transferencia. Operación consistente en pasar una película de cine a soporte vídeo mediante el aparato denominado *tele-cine* (→).

transición. Conjunto de *fotogramas* (→) que sirven como enlace entre planos consecutivos, en alternativa a la unión directa por *corte* (→) .

transparencia. Proyección de imágenes sobre una pantalla translúcida y desde el lado contrario al que ocupan los intérpretes, con el objeto de procurar un fondo móvil a secuencias que serían difíciles de rodar en los escenarios originales de la acción.

tratamiento. Desarrollo de la *sinopsis* (→) en forma literaria, articulando la estructura narrativa y el interés dramático de forma orgánica.

travelling. Desplazamiento horizontal de la cámara sobre la superficie en que se desarrolla la acción.

***travelling* circular.** Travelling en el cual la cámara gira en torno al elemento enfocado rodeándolo total o parcialmente.

***travelling* frontal.** Travelling en el cual la cámara se desplaza perpendicularmente al elemento enfocado acercándose o alejándose de él.

***travelling* lateral.** Travelling en el cual la cámara se desplaza paralelamente al elemento enfocado siguiéndolo durante un cierto trayecto.

***travelling* oblicuo.** Travelling en el cual la cámara se desplaza siguiendo una trayectoria oblicua respecto al elemento enfocado.

trípode. Soporte de triple pie sobre el que se coloca usualmente la cámara durante el rodaje con el fin de minimizar posibles inestabilidades y vibraciones.

truca. Aparato que permite registrar imágenes sobre un fragmento de película ya impresionado previamente, dando lugar a diversas modalidades de *trucajes* (→). También se designa con este término la máquina utilizada para realizar *animaciones* (→) *fotograma a fotograma* (→).

trucaje. Procedimiento técnico destinado a generar en el espectador algún tipo de ilusión ficticia por medio de diversos tipos de efectos especiales, tales como *sobreimpresiones* (→), *transparencias* (→), *maquetas* (→), etc.

vídeo-asistencia. Sistema de vídeo consistente en un monitor de pequeñas dimensiones unido a la cámara de cine que permite al director visualizar en tiempo real las imágenes captadas por la misma, así como llevar a cabo los ajustes y correcciones que sean necesarias.

vídeodisco. Sistema de grabación y reproducción audiovisual análogo a la técnica convencional del microsurco de audio.

visor. Dispositivo de la cámara que permite fijar la imagen en el *objetivo* (→) y delimitar el *encuadre* (→).

voz en off. Locución cuyo origen se encuentra fuera del campo visual de la imagen.

wide screen. Denominación común de los formatos de película con relación de *aspecto* (→) superpanorámico (2,15-2,65 a 1).

wild track. Toma de sonido realizada fuera del rodaje e incorporada posteriormente a la *banda de sonido* (→).

zoom. Efecto de acercamiento o alejamiento de la imagen o de un elemento de la misma obtenido mediante el uso de un *objetivo* (→) de *distancia focal* (→) regulable, sin que exista desplazamiento alguno de la cámara.

BIBLIOGRAFÍA

—*AGEL, HENRI & GENEVIÈVE, Manual de iniciación al arte cinematográfico, Rialp, Madrid, 1996.*
—*BAZIN, ANDRÉ, ¿Qué es el cine?, Rialp, Madrid, 1999.*
—*BURCH, NOËL, Praxis del cine, Fundamentos, Madrid, 1970.*
—*CAPARRÓS LERA, JOSÉ MARÍA, Introducción a la historia del arte cinematográfico, Rialp, Madrid, 1990.*
—*CASSETTI, F. & DI CHIO, F., Cómo analizar un film, Paidós, Barcelona, 1991.*
—*EISENSTEIN, SERGEI, Teoría y técnica cinematográficas, Rialp, Madrid, 1989.*
—*FELDMAN, SIMON, Realización cinematográfica, Gedisa, Barcelona, 1979.*
—*FERNÁNDEZ DÍAZ, FEDERICO & MARTÍNEZ ABADÍA, JOSÉ, Manual básico de lenguaje y narrativa audiovisual, Paidós, Barcelona, 1999.*
—*GARCÍA FERNÁNDEZ BALBUENA, AUGUSTO, Diccionario de cine y vídeo, Ediciones Tayo, Madrid, 1988.*
—*GUBERN, ROMÁN, Historia del cine, Lumen, Barcelona, 2000.*
—*HEREDERO, CARLOS F. Y SANTAMARINA, ANTONIO, Un siglo de cine. Cien momentos que hicieron grande el séptimo arte, Colecccionable Cinemanía, Barcelona 2000.*
—*JUNCOSA, XAVIER & ROMAGUERA, JOAQUÍN, Cine, curso básico, FM Ediciones, Barcelona, 1996.*
—*KATZ, STEVEN D., Plano a plano. De la idea a la pantalla, Plot Ediciones, Madrid, 2000.*
—*ROSSELLINI, ROBERTO, El cine revelado, Paidós, Barcelona, 2000.*
—*SEGER, LINDA, Cómo convertir un buen guión en un guión excelente, Rialp, Madrid, 1991.*
—*TRUFFAUT, FRANÇOIS, El cine según Hitchcock, Alianza Editorial, Madrid, 1999.*
—*VV.AA., Diccionario de cine, Rialp, Madrid, 1991.*
—*ZAVALA, JUAN; CASTRO-VILLACAÑAS, ELIO Y MARTÍNEZ, ANTONIO C., El cine contado con sencillez, Maeva Ediciones, Madrid, 2000*

ESTA SEGUNDA EDICIÓN DE
EL CINE EN 7 PELÍCULAS
GUÍA BÁSICA DEL LENGUAJE
CINEMATOGRÁFICO
SE TERMINÓ DE IMPRIMIR
EN MADRID, EL 6 DE DICIEMBRE DE 2002,
FIESTA DE SAN NICOLÁS DE BARI

PASSIM LUMEN
DOSSAT
1886-2002